臺灣歷史與文化 研究輯刊

九　編

第 **19** 冊

臺南士紳王開運社會活動與文學作品研究（下）

林 建 廷 著

花木蘭文化出版社

國家圖書館出版品預行編目資料

臺南士紳王開運社會活動與文學作品研究（下）／林建廷
著 — 初版 — 新北市：花木蘭文化出版社，2016〔民 105〕
目 4+156 面；19×26 公分
（臺灣歷史與文化研究輯刊 九編；第 19 冊）
ISBN 978-986-404-487-0（精裝）
1. 王開運 2. 社會運動 3. 臺灣文學 4. 文學評論
733.08   105001817

ISBN-978-986-404-487-0

臺灣歷史與文化研究輯刊
九　編　第十九冊   ISBN：978-986-404-487-0

臺南士紳王開運社會活動與文學作品研究（下）

作　　者　林建廷
總 編 輯　杜潔祥
副總編輯　楊嘉樂
編　　輯　許郁翎
出　　版　花木蘭文化出版社
社　　長　高小娟
聯絡地址　235 新北市中和區中安街七二號十三樓
　　　　　電話：02-2923-1455／傳真：02-2923-1452
網　　址　http://www.huamulan.tw 信箱 hml 810518@gmail.com
印　　刷　普羅文化出版廣告事業
初　　版　2016 年 3 月
全書字數　422844 字
定　　價　九編 24 冊（精裝）台幣 50,000 元

臺南士紳王開運社會活動與文學作品研究（下）

林建廷　著

目

次

中 冊

第八章 結 論

> 人物研究看似不難，要深入其實並不容易。人與事是互相關連的，
> 研究人物就不能不研究他涉及的事件，事件的發生又有其時代脈
> 絡，如果時間與資料充足，一部人物傳記也能寫出大歷史。
>
> ——謝國興《亦儒亦商亦風流：陳逢源（1893～1982）》〔註1〕

　　由個別人物銜接至整個時代環境的「見微知著」視角，說明了口述訪談、
回憶錄、傳記之存在必要。這在領導階層人物的個案考察上尤為適用，畢竟
領導階層的影響力、參與或見證歷史發展的機會，大致上還是比一般人來得
明顯，「有助於我們瞭解台灣的長期發展軌跡〔註2〕」。職是之故，研究王開運
的重要性亦在焉。

　　本論文乃較全面而周延地考述臺南士紳王開運的生平歷程。由於此前少
有完整或深入的研究成果，故筆者以文獻資料為主，田野調查為輔，透過研
究王氏的社會活動、文學作品，來嘗試觀察王氏於臺灣近代史上的意義、地
位；換句話說，筆者著重建構工程，期望能夠掌握王氏與時代環境的互動情
況，以及作品內容的精神面貌。另外，因為撰文需要，加上蒐集資料略有所
得，本論文遂向上推及王開運家族的發展軌跡，向下延展至王氏的戰前、戰
後際遇；同時，關乎臺灣文史的事件，例如臺灣文化三百年記念會、安平築
港運動、王姓宗親會、南門墓地事件、美臺團始末、臺南愛護會等，亦一併
說明。而實際撰文，則區分為「家世生平」、「社會活動」、「文學活動」3部份

〔註1〕謝國興《亦儒亦商亦風流：陳逢源（1893～1982）》，頁2。
〔註2〕謝國興《亦儒亦商亦風流：陳逢源（1893～1982）》，頁2。

來進行。

　　王開運家族是較早紮根於高雄市路竹區的王姓家族，其開基祖為王文醫，隨鄭成功渡臺，清領之後便在路竹區的一甲等地進行拓墾，稱為「白礁王」；加上後續渡臺的田頭王、鬼仔王、豆腐王等 3 支也聚居一甲，更添宗族勢力，成為地方大姓。到了王開運的父親王棟，是「白礁王」來臺第八代，王棟和其兄弟王城，以及王棟長子道宗，都具備生員（秀才）功名，使得王家晉身為地方上的領導階層。這也說明了，家族在地方上先能夠紮根，後代才有繼續向外發展的基礎，一如林慧姃研究吳新榮生平思想之時，所提出的「巨人肩膀上」的分工觀點。而王棟對幼子王開運的影響，亦復如此。

　　王開運所站立的巨人肩膀，來自家族，更來自於父親王棟。王棟於 1893 年登第成為生員，旋即遇上乙未割臺，成為遺儒，時王開運只有 7 歲；而由於在臺政權遞變，社會領導階層各有抵抗、歸隱、逃遁、接受等不同的肆應方式，引起階層內部流動，王棟因此受到日本殖民者的籠絡，掌理一甲地區十數年，頗有治積。其長子道宗、三子開泰也先後掌理過一甲，1930 年代王開運更回鄉擔任路竹庄長，可見從明鄭、清領到日治，王家在地方上紮根漸深，其聲望不見衰落。是以，面對世變，一開始是由王棟帶領家族肆應於新局勢，維持家族聲望，並在漢學素養、新式教育、卜居等 3 方面對王開運產生深遠影響。

　　王開運自幼由父親傳授漢學，成長後又能自修傳統文學，故漢學根柢厚實，為詩人、作家。王氏也被送入公學校、國語學校，吸收新教育，並接受父親建議，移居臺南；如此，則擁有了日後成為臺南士紳的契機。新教育是日治時期成為新一代知識份子、士紳的普遍條件，而臺南與路竹有地利之便，又是南部大都市，且王開運卜居之處「柱仔行」更是鄰近臺南政經、文教、交通的中心，方便與形形色色的人物往來交流，這些優勢都能夠助長個人事業與名位的發展。進一步說，王開運成為士紳的天時、地利、人和等要素，都因之而具備雛型，所以王棟的影響委實深遠。

　　扣除王開運從國語學校畢業後，第一份工作是大社公學校的訓導之外，1915 年起，王氏即遷居臺南，並在此謀職、創業投資。日治時期，王開運在臺南經歷了西區區役場書記、臺銀臺南支店書記、大東信託臺南支店代理，到了 1930 年代以迄 1944 年，則轉向多元經營，如南郡運輸、永森記商行、貸地業、潮州合同運送、臺南薪炭商組合、永茂紀商行等。筆者考述這些工

作經歷，不單只是說明王開運從事過哪些職業，更從中觀察到，其戰前、戰後的事業大多與金融、商務（運輸、貨物集散與批發）相關，遂使得王氏具備商人身份，得以加入日治時期的臺南商工業協會，同時有助於人脈網絡的經營（即「人和」這一項要素）；也正是在這些背景之下，王氏步向臺南士紳之途。於是乎，隨著在臺南生活漸久，王開運的工作表現與才能備受肯定，人脈經營產生作用，遂於 1927 年臺南商工業協會成立之初，王氏即被推舉為會長；且因領導有方，得以久任不替，直至 1941 年商協解散為止。

　　鑒於第一次世界大戰後的思潮轉變、經濟不景氣、臺銀破產危機（1927），以及殖民者的民族差別待遇、商人欲保護各自利益等因素，促使臺籍商人紛紛成立商工團體，臺南商協正趕上這波潮流。再者，處於被殖民的時空下，臺灣的商工團體大多扮演著官民之間的橋樑，以比較溫和的方式替民間發聲，故成為地方上新興的領導力量；而臺南商協也確實發揮了創造利潤、改善經商環境、爭取地方建設、為地方溝通請命等功能。因此，這使得臺南商協成為重要團體，與日籍商人組織的「臺南商工組合」、「臺南實業協和會」，在市內鼎足三分。

　　臺南商協在王開運的領導下，「創造利潤」方面，經常與其他商工團體、臺南市役所合力舉辦「廉賣會」，對於帶動消費、改善商況有不少貢獻。其中蔚為盛況者，為 1930 年的「臺灣文化三百年記念會」，是當時臺灣島內前所未有，也遠勝於日本內地過去的史料展覽；而王氏則自始至終參與記念會的籌備與執行，擔任記念會的評議員、活動寫真係長，與官紳群策群力地將記念會塑造成全臺性的重大行事。在「改善經商環境」方面，臺南商協與王開運曾經奔走於店家的業務、財務問題，並維護店員、勞工的權益；就中與大阪商船交涉運費調降，也可見王氏不負商家期望，此事遂讓臺南商協一戰成名，使得臺南商協成為商民優先考慮陳情的管道之一。自 1928 年起，王開運又投入「安平築港運動」，1930 年成為市內臺灣人的代表，與日人官紳共赴日本，爭取全國港灣大會對「安平築港運動」的支持，終於促使殖民當局於 1935 年動工築造新港口。至於「啟發商工智能」方面，乃是臺南商協對內培值鞏固自身實力之用。一者是成立「共榮貯金會」，協助商協成員的借貸、還款事務，且營運得當。二者是進行「商工考察」，助長商協成員拓展視野，而王氏〈東遊日記〉，是臺南商協僅存的商工考察報告，也是戰前商工團體的重要史料。凡此種種，皆證明王開運領導有方，以致於能夠連任會長，並讓臺南商

協成為地方上重要團體；且王氏能兼顧臺灣商人的利益與為民請命，顯然自己清楚自身的角色定位。

加入臺南商協，是王開運成為臺南士紳的開始，而置身於領導地位，讓臺南商協成為官民之間的橋樑，則王氏也因此擁有更多的機會來經營人脈、參與其他社會活動。在「宗親事務」方面，王開運與王汝禎等人於 1928 年成立了「王姓宗親會」，扶持同姓宗族，也落實社會事業，是日治時期南臺灣的一大團體；王開運與宗親會的關係相當密切，處於核心位置，這表示其透過宗親關係，更在臺南市緊實紮根。同年發生的「南門墓地事件」，王開運則代表臺南商協，並帶著王姓宗親會成員的身份，向官方陳情大運動場計畫應當停止，其熱切態度與犀利言辭，突顯了殖民當局的固執蠻橫；加上其他宗親會、臺灣民眾黨、新文協、共勵會等諸多團體也競相陳情抗議，終於迫使官方暫停建造計畫。對此，報端稱之為臺灣人在政治上、地方上的大眾運動的最初勝利。而王氏也就在同一年被籠絡為官選市協議員，說明其不再只是一介商人，還是官方不宜輕忽的地方人物。

「民族運動」方面，王開運的紀錄較不明顯，卻時有同學蔡培火相伴左右，筆者乃一併述及王、蔡二人的往來情況。兩人自國語學校畢業，因任教地點相近，故有來往；之後蔡培火赴日本深造，從事民族運動，王開運也曾寄稿給蔡氏。待蔡培火返臺，任臺灣文化協會專務理事，文協本部遷至臺南，兩人恢復聯繫，例如王開運曾為文協讀報社演講；1928 年則受蔡氏之邀，共同成立「美臺團」。嗣後，王、蔡二人一同投入臺灣地方自治聯盟，蔡氏更囑意王氏修飾自聯趣旨書；又，1931 年，蔡氏仍有意招覽王氏擔任《臺灣新民報》的支局長。此外，蔡氏的個人私事也有王氏相助，足見二人交誼之深。就中，王開運的參與程度較為積極者，是臺灣地方自治聯盟，這固然有著與蔡培火的交情之因素，而自聯廣納認同者的包容性、王氏自身的協議員經驗，也有著關聯。總之，從這些斷斷續續的相關紀錄來看，王開運或許未曾熱切響應民族運動，但不代表其反對；特別是參與自聯一事，王氏始終定著於自聯臺南支部，一定程度地說明了其認同地方自治之理念。

「政治」方面，王開運總共擔任了 16 年的市協議員與市會議員，期間兼任路竹庄長，是值得探究的面向。從僅存的文獻可發現，王開運常以多元身份奔波於地方事務，例如安平築港運動，以議員身份在議會內參與討論，對外則以臺南商協會長、地方士紳的身份進行請願。其他如貧民救濟、失業救

濟、增稅、市區改正、運河使用費等事項，亦是如此，在議會之外或是以臺南商協會長，或是以臺南愛護會副會長的身份去奔走。再者，王開運幾度獲選爲議會的參事會成員，擔任過議會代表，出席全臺的議員協議會，加上連任十數年議員，可知王氏與地方政治的關係相當緊密。至於外界評價，從爲民喉舌的《臺灣新民報》所自辦的「模擬選舉」，可證明王開運是民選議員的適當人選，具有民意聲望；該報社自編的《臺灣人士鑑》，二度將王氏收錄其中，即肯定其士紳地位；甚至立場親日的《臺灣經世新報》，更譽之爲「神都守護者」，表示得到日人青睞；這些都說明王氏的社會評價頗佳。而王開運兼任路竹庄長，主要表現是在調和庄內的派系糾紛，且之前其父兄就是路竹地區的一甲區長，因此子承父業，足見王家聲勢在路竹歷久未衰。

「社會事業」方面，由臺南商協所設立的「臺南愛護會」，是日治時期臺灣南北兩大專責乞丐收容的民間社會事業，其間王開運所扮演的角色不可輕忽。透過對於愛護會成立始末、營運過程的考述，可以發現愛護會一直由臺南商協支持，前者事務是後者會議裡的重要議題，兩個團體的成員也多有重疊，王汝禎、王開運則長年擔任愛護會的正、副會長，王開運更爲了籌備愛護會而四方奔走。其次，愛護會繼承了施乾的臺北愛愛寮之理念，擔負沉重的乞丐收容工作，有效解決的市內乞丐問題，其貢獻不遜於重點擺在一時救濟的臺南慈惠院（官方體系），也得到社會佳譽。但相較於愛愛寮，愛護會的營運狀況相對穩定，逐年擴增規模，因此使得施乾期待愛愛寮同樣能夠以團體模式經營，計畫將愛愛寮「財團法人化」，這不無效仿愛護會的意味。

「文化」方面，1930 年，王開運與文友創辦了《三六九小報》，這是日治時期臺灣人所經營的文藝雜誌之中，少數能長期經營者，並具有維繫漢文、抵殖民的作用，在臺灣文學史裡具有重要意義。王氏初始就是創辦人之一，此後仍是核心成員，這可以從同人名單來觀察，也可以對比《小報》成員與「臺南商工業協會」成員的重疊性來得到印證。爲了捍衛《小報》，王開運也曾與《臺南新報》或其他反對者進行辯論筆戰；而《小報》之所以在「臺北愛愛寮」設置取次所，向北部市場推廣，也是因爲王開運身兼「臺南愛護會」副會長，在社會事業上與施乾有所交集，二人結爲朋友的緣故。創作數量上，王開運的〈釋三六九小報〉是《小報》創刊時唯二的宣言，並且有大量雜文作品刊登在《小報》，所刊登的期數佔總期數一半以上。凡此種種，可見王氏對《小報》的熱情付出。

　　積極參與《三六九小報》，進一步反映了王開運愛好傳統文學，以及欲透過刊物來關懷、介入社會的心思。由於家學影響，王開運在國語學校時期已能賦詩，其讀書傾向、藏書清單，亦以漢文古籍為主，甚至旅行日本，還特地前往東京知名的漢文書店「求文堂」參觀。這同時說明了其漢學自修途徑從何而來，且藏書更是創作時的參考來源，在散文作品裡頭，有不少地方即是引用讀書摘錄。是以，《小報》的出現，正好提供王氏一個可資寫作發揮的空間。

　　王開運畢生的散文創作，主要都刊登在《小報》，而此時期也是王氏事業有成、具地方聲望、社會活動頻繁、性格成熟穩重的時候；因此，欲知悉其如何透過刊物來關懷社會，《小報》的雜文足具代表性。總的來說，王開運的雜文主題有四，其一是擔憂傳統漢學衰微，並提出振興之方；王氏根據學習經驗，主張不能只依靠學校體系，學子要勤加自習，父兄從旁督導，王氏還在雜文裡，以比較輕鬆的方式，向讀者說明漢文的價值與美感。其二，是反省習俗，王開運相當在意民眾過於迷信，導致浪費錢財，智識愚弱，故 1920 年代就撰文批評，戰後猶在詩作裡提及，目的即欲改去陋習，提升民智。其三，則是針砭品德低落的問題，特別是富戶者、士紳、知識份子，更是汲營名利，忘卻社會責任。乍看之下，王開運似乎在追求回復傳統美德，然而筆者認為，王氏用意更在於企望臺灣人團結，齊同進步向上，守護民族尊嚴。

　　其四，王開運也藉著雜文來表達自己的人生觀、性情與個人修養工夫。從中可知王氏素有經世濟民之志，卻自稱缺乏鬥性；這是個人性格，更是肆應於殖民時代的姿態，不欲爭的，是無謂的糾紛，理應爭取者，則迂迴奔波。而為了兼顧用世情志，培養自身元氣，並免於受挫灰心，王開運乃強調忍耐、不執著、安貧樂道的修養工夫，這些都有自勉又勵人的作用。值得一提的是，同時代的文人蕭永東認為雜文有如下優點：

> 隨筆及隨感錄，皆是無閒工夫的人所著的斷片文章，總是文簡意長，隻語片言，可以斷一事評一物，就其時的感想事實或理論，實實在在，描寫出來，而其禆益的所在，比長篇文較速而且不忘。〔註3〕

這般評語，恰好佐證王開運的雜文亦莊亦諧，卻有其深意，且篇幅短小，也使讀者感到輕鬆痛快，這正是《小報》風格。到了戰後，雖然《小報》早已廢刊（1935），王氏的議事精神卻復現於臨時省議會的議壇之中。

〔註3〕古圓〈想著就錄〉，《三六九小報》124（1931 年 11 月 3 日）。

　　此外，王開運更自許爲詩人，終生創作，日治時期的人物志書亦以詩家目之。鑒於當時傳統詩社林立，作詩活動容易淪入恃才競勝等忽略「詩言志」本質的情況，因此王氏不僅認同連雅堂、陳逢源的漢詩改革理念，自身也甚少參加詩社活動，且作詩偏重閒詠詩，這樣的堅持亦延續到戰後。至於整體詩作內容，則散發出濃厚的愁緒，而這些愁緒對照王氏的生平歷程，各有不同的指涉與緣由。

　　其一，是「對於功成名就的繫懷」，這表現出王開運在青年之時，有著年輕、血氣方剛，及患得患失的一面。其二，是「對時局、生命的憂思」，出現在 1930 年代之後。此時王氏的歷練與視野已有所累積，故時局變化、年歲增長、病痛，社會活動的順逆、事業經營的盈虧等，都可成爲詩作元素；連帶的，詩境亦因而更加開闊，既有同時代有識者的共同心聲，又展現了個人特殊情感。到了 1940 年前後，由於面臨中日戰爭、臺灣進入戰時體制，王開運的詩作又多了一項元素，亦即頻繁地反映出對於年歲、時節的敏感與警覺，並傾吐時光匆促、一生無成、繁華如夢、時局變幻莫測的無奈。戰後，由於臺灣局勢仍未安然，這種對於時局、生命的憂思也就未曾消失，惟感嘆的對象或原因有所不同。而王開運開始明顯憂思生命、時局的時間點，恰好與《三六九小報》的存續時間有所重疊，可知其詩與文之間有相輔相承的作用，一者承載心聲，一者關懷時代、社會之問題。

　　王開運詩作愁緒的第三個緣由，在於旅途所感；特別是連續於 1939 年、1940 年前往中國經歷，有著故國情懷與世事無常的感受，並從中譴責戰爭。之所以那麼強調「無常」，一者是不容明言反對戰爭，故以恆常、變易對比，藉以透露內心情意；二者，乃因時局變動不易掌握，其處身亂世，感受更加深刻，無形中強化了人生虛幻的認定。

　　最後一個愁緒緣由，則是擺盪於用世與歸隱之間。自中年以後，由於時代動蕩、際遇多舛、家庭重擔、自覺年老等因素，王開運內心常是「憂思」、「用世」、「歸隱」並存。當意欲用世，卻無法力挽狂瀾，且家計纏身又思及年老；意欲歸隱，則局勢不允，家計仍要考量，而自己也憂世感時；若專務家計，則遺憾不能安度晚年，也不甘心庸碌度日；如此多的外在羈絆與內心矛盾，終造成其用世不能、歸隱不得的窘境。

　　至於文友方面，王開運較頻繁地與之賦詩唱和者計有 5 人。黃拱五和王開運是舅甥關係，但也情同兄弟，彼此詩作透露出關愛與敬仰。王亞南是中

國畫家，王開運與之結爲至交；二人時常交談當時的中國情勢，並勾起王開運的故國情懷，與身爲殖民地人民的身世之慨。陳逢源與王開運齊同吐露對於時局的感嘆，相互慰勉；且陳逢源面對文友逝世，少有悼念作品，惟王開運是少數例外，可見日後陳氏萬般痛惜王氏的逝世。王鵬程投筆從商，常需往返日本、臺灣以貿易，王開運則不因距離遙遠而減少與之唱酬。蔡朝聘可能是最能夠與王開運談心的，二人互訴人生感悟、對於時勢的不滿，還關慰對方的生活狀況與身體健康。整體來說，這 5 位文友，除了王亞南來自中國且早逝之外，其餘 4 人皆與王開運有地緣關係，也間接證明王氏在臺南的活動確實最爲活躍。

要之，王開運以臺南商工業協會爲始，漸次涉及其他社會活動，因而鞏固了其臺南士紳的地位，王氏也清楚身爲領導階層的角色使命，戮力於公眾事務，專致於地方發展。然則，在考述王開運事跡的同時，也須注意到局勢、政權、時代對於個人的強大影響力。1920 年代興起的臺灣民族運動，隨著殖民當局的強烈打壓，至 1930 年代已漸趨沒落；1937 年中日戰爭爆發，淪爲殖民地的臺灣，更不可免地被推入戰時體制，布滿一言堂之氛圍。是以，王開運參與的臺灣地方自治聯盟，於 1937 年解散，其長年領導的臺南商協，也不得不於 1941 年解散，失卻了一個重要的活動舞臺，剩下的社會活動只有宗親事務（王姓宗親會）、社會事業（愛護會）與政治（地方議員）。

從這情況來看，一方面可知王開運在社會上較爲頻繁的活動紀錄，確實集中在 1930 年前後。二方面，說明了若干活動領域或是官方得以操控者（如政治），或是性質較爲溫和，不易與官方牴觸，所以得以存留的機會較大。也因如此，王氏在各領域的發揮空間便有所不同，其顯著表現，在於商務、社會事業、宗親會、文化等；民族運動則本身即容易受挫，王氏在這方面的活動也較不活躍。政治方面，地方自治制度本身不健全，王開運的議政空間不大，戰爭期間更加強了種種鉗制，只能附和，難以反對，故在零星資料裡頭，也會發現王氏有配合戰時的言論舉止。事實上，恐怕是不得已、被迫的意味居多，這從王開運的詩作裡，便能推敲出無奈又擔憂時局的心情；因此，王氏看似連任議員十數年，政治上卻未必有影響力，其眞正的活動舞台乃是在政治之外。

1944 年，時值戰爭期間，王開運受臺灣銀行推薦，遠赴海南島擔任瓊崖銀行的總經理，但其實是被推入戰爭協力者的窘境，加上路途遙遠，海南島

局勢不安定，王氏委實不願意，卻無法推辭。

　　在海南島滿一年左右，王開運便遇到戰爭結束，這竟是另一波苦難的開始。戰後國民政府握有資源，隨即投入國共內戰，幾經折衝，才將留瓊臺灣人接送返鄉；其間，留瓊者付出了重大代價，返臺時程最晚，途中遭遇異常艱辛。當時王開運擔任「旅瓊臺灣同鄉會」會長，為了協助臺灣人早日返鄉，更不顧身處危難，四處奔走；即便先行返臺，也未曾鬆懈，持續為臺人返鄉而努力，其貢獻不容忽視。1947 年，王開運成為第一銀行公股監察人，隔天發生二二八事件，王氏也在事件中身陷囹圄。對此，筆者認為，正是因為王開運奔走留瓊臺灣人返鄉之事，無形中成為旅外臺灣人的精神領袖，又政府調查出王氏在戰爭期間，有協助日人的舉動，遂以「擾亂治安」罪名將之逮捕。出獄後，王開運心中的陰影難除，加上高壓的政治氛圍、年紀老大、感慨身世滄桑，以及家計的煎熬、鄉愁（1950 年代遷居北上），遂沒有留戀於社會舞台的必要，漸次縮限在自身的事業裡，並以第一銀行為事業重心；與日治時期相比，其社會活動明顯銳減。

　　不過，王開運的立場是「中隱」的，藉著不願積極用世，卻可接受閒職的姿態，日後又加入了「臺灣地方自治研究會」，協助地方自治的推動，不但有所貢獻，也見證自治的起步。嗣後，新政府於 1950 年代落實地方自治，王氏乃參選首屆臨時省議員，對南臺灣的發展、交通、公營事業等議題，多有建言，且參選舉動本身即帶有監督自治施行成效的用意。這般活動事跡，則可聯結到戰前王氏參與臺灣地方自治聯盟、長年擔任地方議員的經驗。至於戰後的文學活動，王開運加入了《臺灣詩壇》（1951 年創刊），但遲至 1955 年，才與陳逢源、林熊祥共同擔任副社長；就個人的創作情況來看，詩作數量與活躍程度也都不如戰前。究其原因，仍與上述王氏的戰後社會活動銳減之因素類同。然而，《臺灣詩壇》側重個人閒詠，加上文友力邀，遂讓王開運與之保持聯繫，此後長年名列在該團體的成員名單之中；直到 1968 年，也就是王氏逝世的前一年，都還可見其為《臺灣詩壇》徵詩活動的發起人之一。

　　綜合本論文的考述研究可以發現，一生經歷清國、日本、戰後 3 個政權轉變的王開運，因擁有「天時」（新教育背景）、「地利」（居住臺南）、「人和」（交遊廣泛）等要素，晉身為地方士紳的優勢遂水到渠成；加上個人才能、工作表現、從事商職、用世情志等特質，終究能夠經由臺南商工業協會，漸次活躍於商務、社會事業、宗親會、文化、政治、民族運動等領域，並肩負

眾望，爲地方發展、公眾事務戮力以赴，屢有付出與貢獻。這般發展軌跡，說明了王開運的肆應姿態，乃非正面與當局力抗爭執，而是以迂爲直，用溫和的方式介入社會，看似保守，卻讓實踐的時機得以存續延伸；且王氏又講究忍耐、務實、低調、安貧樂道等修養工夫，則護持了個人的生命元氣與尊嚴，讓行動力得以持久，不致於犧牲過早，抑或是向現實屈服。到了戰後，在海南島的王開運，幾乎沒有激烈批判過新政府形象，也未曾貪圖自身安全而先行返臺，反倒是不離不棄地協助留瓊臺灣人返鄉；即便回到臺灣，仍舊持續奔走此事。嗣後受二二八事件牽連，雖受影響卻非斷然隱退，並爲自己選定了「中隱」位置，將挫折暫放一旁，參與地方自治奠基工程、投入議會政治。這些舉動亦延續了王氏於日治時期所採取的「中庸而入世」之肆應姿態。要之，即便從文獻資料裡尋不到王開運的思想光譜，但若說王氏具備知識份子的「經世濟國」情志，並且將此情志貫徹於日治、戰後兩個時代，應是可以確信的；而王開運在臺南活動 30 餘年，戰後猶有重要事跡，因此指稱王開運爲臺灣的重要士紳、臺南士紳，皆當之無愧。

再就王開運的文學活動、詩文作品來說，與友人創辦《三六九小報》，爲苦悶的殖民時代提供一處精神放鬆之地（有詼諧特色），又維繫漢文於不墜，對臺灣文史即有相當貢獻；詩文內容則往往與王氏外在的社會活動相呼應。對外，王開運時常爲公眾事務奔波，筆墨之間則持續將憂時感世的心情化成文字，就中夾藏的，是一個對家庭具備責任感，相當關切時事的心靈，且面對自我、局勢、知識份子的使命，具有反省力。如此，若要爲王開運這位詩人、作家覓得一個定位，不妨藉用施懿琳與楊翠的看法：

> 並不一定是人在此地，文寫此地就有了「在地性」，有時也許適得其反；而「在地性」與「脫地方性」也可能有並存的矛盾，也必須納入並深刻剖析。無論如何，「在地性」真正的指涉並非「人在此地」、「編輯此地藝文刊物」、「推動此地藝文活動」等表象上的行動，而應更深沉地探究其作品的「土地意識」。〔註4〕

擺脫在此地或不在此地的「二元關係」，另以「土地意識」取代，亦即在此意識之下，觀察各個作家、作品對同一個地方的諸般情感、看法，這也適合用以觀察王氏。雖然王開運在作品裡談論臺南的頻率不高，但與文友熱切投入

〔註 4〕施懿琳、楊翠〈緒論〉，《彰化縣文學發展史》（彰化：彰化縣立文化中心，1997）。

《三六九小報》，使之成為日治時期傳統漢文界的、南方的重要刊物，而文學交遊也主要發生在臺南，又關切地方發展；是以，筆者認為，王開運內心的根苗深縶在臺南，以臺南為重心，將之定位為具有土地意識的府城作家，亦是恰當。

　　近年來，臺南人物的相關研究頗多，例如謝國興的《府城紳士：辛文炳和他的志業（1912～1999）》、《陳逢源（1893～1982）：亦儒亦商亦風流》、李貞瑤〈陳逢源之漢詩研究〉（臺南：成大中文系碩論，2001）、張慧文〈日治時期女高音林氏好的音樂生活研究（1932～1937）〉（臺北：臺大音樂學研究所碩論，2001）、曾進民〈王育德台灣語研究之成就〉（高雄：中山中文系碩論，2001）、黃美月〈台南士紳黃欣之研究〉（臺北：臺師大歷史學系在職進修碩論，2005）、黃佳雯〈謝星樓生平及其文學研究〉（臺南：成大台文系碩論，2006）、余佩真〈王育德的文學、語言、歷史觀之研究〉（臺北：北教大台文所碩論，2005）……等等，或是全面探究人物的生平歷程，或是採特定角度深入探討。而本論文乃採取較為全面的探究方式，兼顧王開運的生平、社會活動與文學作品，說明王氏以「通才」的身份在社會上奔波，展現了知識份子經世濟民的抱負與士紳的社會功能，於臺南地方實有重要的地位與意義。本論文的完成，也有助於填補文史之不足，為區域研究、地方文人群研究奠定更厚實的基礎。

王開運生平簡表 〔註1〕

西元	年齡	生平事跡	臺灣要事	東亞要事
1889	1	09.出生於清代鳳山縣一甲莊（今高雄市路竹區甲南、甲北二里）；屬王文醫一脈，父親王棟、母親王黃菜、舅舅黃拱五，前有道宗、開元、開泰3位兄長，排行第四。	08.築造臺灣府城（位於臺中）。 12.全臺土地清丈給單完竣。	
1890	2		原臺灣府學（臺南孔廟）改稱「臺南府學」。	
1891	3		04.邵友濂接任臺灣巡撫，緩止劉銘傳多項新政。	・清國成立北洋海軍。

〔註1〕 按：本表於各事件之前標示月份，並依時間先後排列；無法精確排列者，以「・」標示，集中置於同一年之末。

「生平事跡」處，以《王開運全集》及本論文所述爲基礎，有舛誤者，逕改。

「臺灣要事」、「東亞要事」處，參考以下資料：葉榮鐘著、葉芸芸補述《日據下台灣大事年表》（臺中：晨星出版社，2000）；《高雄縣志稿・沿革志・大事記》（高雄：高雄縣文獻委員會，1958）；《台南市志・卷首》（臺南：臺南市政府，1978）；楊碧川《臺灣歷史年表》（臺北：自立晚報，1988）；《重修臺灣省通志・卷一・大事志》（南投：臺灣省文獻委員會，1994）；《台灣歷史年表・終戰篇》（臺北：業強出版社，1993）；「線上臺灣歷史辭典」網站。

西元	年齡	生平事跡	臺灣要事	東亞要事
1892	4	父親王棟登第爲生員（秀才），時40歲。	06.設臺灣通志總局。	・清國頤和園落成。
1893	5		11.清代鐵路由基隆鋪達新竹。	
1894	6		04.奏准置省會於臺北府。 08.因甲午戰事，劉永福率師防守臺南府。 09.唐景崧接任臺灣巡撫。	08.日清甲午戰爭爆發。 11.孫文於檀香山創興中會。
1895	7		05.臺灣因清國敗於甲午戰爭，將被割讓，紳民謀獨立，組織臺灣民主國，推唐景崧爲總統。樺山資紀爲首任臺灣總督。日軍登陸北臺灣。 06.唐景崧、丘逢甲等士紳渡返清國，臺灣民主國開始潰退。 ・日軍佔領臺北，舉行始政式；後又往南進軍。 07.臺北芝山巖處開設國語傳習所，爲日治新教育嚆矢。 08.臺北士紳成立保良局。 10.日軍佔領臺南城。 11.臺灣總督府開「全島平定祝賀會」，但此後仍有臺人武裝反抗日人。 ・日本農民開始來臺墾殖。	03.孫文籌備推翻清國，11月廣州起義。後清國各地陸續起義，大多失敗。 04.日清媾和，簽署馬關條約；清國須依約需賠款，並割讓遼東半島、臺灣。又，予2年時間，任由臺灣人遷居島外，期滿則視在臺住民爲日本籍民。 ・俄、德、法3國干涉還遼。 05.清國康有爲等18省舉人聯名上書。 06.朝鮮宣布獨立。 07.康有爲宣傳變法。

西元	年齡	生平事跡	臺灣要事	東亞要事
1896	8		02. 開始戶口調查。 03. 公布法律六三號，並撤銷軍政，採行民政，全臺分置爲三縣一廳。 09. 總督府補助大阪商船公司設置日臺間定期航線。 · 臺灣總督府國語學校設立。 11. 鼠役開始蔓延全臺，直至 1920 年代始大致根除。 12. 改延平郡王祠爲開山神社。	10. 孫文於倫敦被囚禁。
1897	9		01. 公布臺灣阿片令、教育勅語漢文版。 03. 總督府補助日本郵船公司設置臺灣、清國之間航線 05. 全臺分置爲六縣三廳，縣廳下設辨務署。 10. 實施金本位制。	08. 孫文抵日。 10. 朝鮮改國號爲大韓。
1898	10	· 父親王棟出任大湖辨務署雇員，同年改任一甲總理。	02. 兒玉源太郎任臺灣總督，6月後藤新平任民政長官，二人治臺影響深遠。 06. 全臺分置爲三縣三廳，下設辨務署、辦事處。 · 官方辦饗老典，後逐年舉行至 1900 年。 · 公布臺灣公學校相關法令。	04. 美西戰爭於菲律賓爆發。 05. 義和團開始排洋運動。 06. 清國光緒皇帝下詔戊戌變法。 09. 戊戌變法失敗，康有爲、梁啓超渡日本。

西元	年齡	生平事跡	臺灣要事	東亞要事
1899	11	・父親王棟授佩紳章。	02.公布六三法延期至1902年。 03.臺灣總督府醫學校設立。 07.臺灣銀行創立。 ・伊能嘉矩出版《世界に於ける臺灣の位置》，後陸續出版臺灣相關的人類學著作。	・美國發表「中國門戶開放宣言」。
1900	12	・就讀大湖公學校（後改名為大社公學校）。	01.公布臺灣新聞紙條例。 02.臺北黃玉階倡組天然足會，矯正纏足舊習。先後也有他人提倡改革舊習。 03.公布治安警察法。 ・臺北開揚文會。	06.清國對英、法、德、美、日、俄、意、奧等8國宣戰。
1901	13	・父親王棟、長兄王道宗，各賦作〈敬和棲霞先生鳥松閣作〉一首，以回應民政長官後藤新平的徵詩活動。	03.臺灣教育會成立，發行《臺灣教育會雜誌》。 10.臺灣神社舉行鎮座式大典、臨時臺灣舊慣調查會成立。 ・開始打狗築港工事。 ・臺灣總督府專賣局成立。	01.清國慈禧太后下詔變法。 09.清國與8國簽署庚子賠款。
1902	14		03.公佈六三法再延期至1905年。 07.發生南庄事件，官方開始思考理蕃政策。 ・林癡仙、賴紹堯等人籌組臺中櫟社。	02.梁啓超在日本橫濱刊行《新民叢報》。

西元	年齡	生平事跡	臺灣要事	東亞要事
1903	15		11. 林爾嘉等人於板橋林本源花園招待日籍官員、士紳，為臺灣士紳招待日人官民之始。	12. 黃興等人成立革命團體華興會。
1904	16		08. 公布〈日本移出米檢查規則〉。	02. 日、俄戰爭爆發，清、韓表示中立（日、俄隔年媾和）。
1905	17		06. 株式會社彰化銀行創立。 · 基隆開港。	08. 孫文於東京成立中國革命同盟會，11月刊行《民報》。 09. 清國廢科舉，興學校。
1906	18	· 父親王棟致力於撲滅鼠疫，被報端標舉為滅疫新方法。 · 就讀臺灣總督府國語學校師範部乙科，同屆同學有蔡培火、陳培煥、曹賜瑩等；上下屆有李讚生、陳逢源等。	04. 三一法取代六三法，有效期限至1911年。 · 公布臺灣度量衡規則。 · 臺南南社成立。	11. 宮崎滔天、北一輝等參與孫文革命。
1907	19			01. 日俄戰爭後引起經濟恐慌，東京株式相場（股票交易所）暴跌。 06. 韓國皇帝向海牙和平會議密告日本侵略行為，後日本迫韓帝頒布讓位詔書。 · 日本於清國大連成立「南滿洲鐵道株式會社」。

西元	年齡	生平事跡	臺灣要事	東亞要事
1908	20	・擔任「國語學校校友會」的幹事。 ・於校友會雜誌上發表〈山羊が雌雄共に鬚を持つてゐる理由〉（其他日文作品，參見《王開運全集》、本論文附錄三）。	04.西部縱貫鐵路山線通車（海線則於1923年通車）。 10.公布臺灣違警令。	02.日清之間發生辰丸事件，後廣東發起日貨排斥運動，並擴大至外地。 11.清國溥儀即帝位。
1909	21	・父親王棟與其他區長向官方陳情，欲將「大湖公學校」遷至大社。 ・於校友會雜誌上發表〈遊苗圃偶詠〉、〈遊圓山公園〉（其他漢文作品，參見《王開運全集》、本論文附錄三、附錄七）。	02.臺北瀛社成立。 10.全臺分置12廳。 11.廢止太陰曆。	
1910	22	03.自國語學校畢業，為師範部乙科畢業生代表。 04.大社公學校（原大湖公學校）開校。 ・父親王棟續任一甲區長。 ・任職大社公學校訓導（1914年離職）。 ・與董阿柳結婚。	01.全臺廢止街庄社制，改街庄長為區長。	08.日本公布韓國改稱朝鮮，並併合之，置朝鮮總督府。
1911	23		02.阿里山鐵路通車。 03.梁啟超來臺，會見霧峰林家。	04.清國發生黃花岡之役。 05.清國將境內鐵路主要幹線收歸國有，引起保路運動。 10.辛亥革命開始。

西元	年齡	生平事跡	臺灣要事	東亞要事
				12. 孫文抵達中國，於17省代表會議中被選爲中華民國臨時大總統。
1912	24	02. 長男神嶽出生。	02. 總督府禁止臺灣人、中國人的團體使用「會社」一稱謂。 06. 興建臺灣總督府（1919年落成）。	01. 中國南京臨時政府成立。 02. 清帝溥儀退位。 孫文辭退臨時大總統，臨時政府推選袁世凱繼任。 08. 日本明治天皇歿，大正天皇繼位。 · 宋教仁等組織中國國民黨。
1913	25	09. 長女秀瑜出生。	02. 公布臺灣產業組合規則（此前已有類信用組合出現）。 11. 發生苗栗事件（含羅福星案在內）。 · 臺灣蓄財無盡株式會社創立，爲臺灣的無盡會社（互助會）嚆矢。	07. 中國二次革命開始。 10. 日、英、德、俄等13國承認中華民國。
1914	26	· 父親王棟逝世。 · 從大社公學校離職。	12. 臺灣同化會創立，隔年被總督府解散。	06. 第一次世界大戰開始。 07. 孫文在日將國民黨改組爲中華革命黨。 09. 日本參與一戰。
1915	27	04. 就職臺南廳西區區長役場書記。 06. 次男鐘嶽出生，7日夭折。 · 正式遷居臺南。	02. 公立臺中中學設立（1921年改稱臺中州立臺中第一中學校），爲臺灣人中學之始。 08. 發生噍吧哖事件。	01. 日本向中國開出21條要求。

西元	年齡	生平事跡	臺灣要事	東亞要事
1916	28	10. 三男崧嶽出生。 · 陪同臺南西區區長謝群我出席陳鴻鳴之子百亨的婚禮,權當翻譯。	02. 公布無盡會社令。 04. 臺北舉行首屆全島實業大會,後逐年輾轉於各地舉行。	01. 袁世凱將中國改為帝制,因各地反對,3 月取消帝制。 06. 袁世凱病逝,中國進入軍閥割據局面。
1917	29	06. 入臺灣銀行臺南支店(1927 年離職),曾任該支店書記。 · 長兄道宗擔任一甲區長。	12. 公布臺灣新聞紙令。	01. 中國白話文運動、新文學運動開始。 03. 俄國二月革命。 07. 張勳復辟。 08. 中國參與一戰。 09. 孫文發起護法運動。 10. 中國南北軍團對戰。 11. 俄國十月革命,建立蘇維埃政權。
1918	30	07. 母親王黃茱逝世。	07. 臺灣文社創立,出版《臺灣文藝叢誌》。 12. 臺北商工會向總督府提議設置商工會議所,未成;後在臺日籍商人持續運動。	01. 美國總統威爾遜發表 14 條和平基礎。 07. 南北議和,孫文護法運動失敗。 · 蔡惠如與臺灣留日學生於東京創立「聲應會」。 08. 日本發生米騷動。 11. 第一次世界大戰結束。
1919	31	08. 四男維嶽出生。	04. 總督府制定臺灣電力會社令。 08. 公布第一次臺灣教育令。 · 臺灣電力株式會社創立	01. 巴黎和會開議。 03. 朝鮮發生三一獨立運動、萬歲事件。之後陸續有反抗事件。 · 共產國際成立。

西元	年齡	生平事跡	臺灣要事	東亞要事
			10. 田健治郎任首位文官總督。 · 株式會社華南銀行創立。	05. 北京發生五四運動。 10. 中華革命黨改組爲中國國民黨。 · 孫文發表孫文學說、建國方略。
1920	32		03. 公布法三號效力爲無期限。 06. 全臺大地震。 07. 全臺分置爲五州二廳。 11. 連雅堂《臺灣通史》出版。 12. 臺灣民族運動者開始逐年進行議會設置請願運動，直至1934年。 · 官選市、街、庄協議員出現（此後每2年改選一次，直至1935年）。 · 嘉南大圳興工（1930年告竣）。 · 開始推行內臺共學。 · 開始發生米糖相剋問題。	01. 國際聯盟組成。 · 蔡惠如與臺灣留日學生於東京成立新民會，推林獻堂爲會長，發行《臺灣青年》。 03. 日本發生一戰之後經濟恐慌，股票暴落、市場混亂。 07. 中國共產黨創立。
1921	33	09. 次女秀娟出生。	10. 臺灣文化協會成立。 · 瀛社發起全臺擊缽聯吟會，此後每年召開一次（1927年起五州輪番舉行）。	
1922	34		02. 公布第二次臺灣教育令 07. 總督府開設史料編輯委員會。 · 蓬萊米栽種成功。	02. 孫文北伐，6月因陳炯明倒戈而失敗。 04.《臺灣青年》改題《臺灣》。 · 日本共產黨創立。

西元	年齡	生平事跡	臺灣要事	東亞要事
1923	35	・因傷寒住進臺南病院。 ・臺南「臺灣彰聖會」創立，和舅父黃拱五擔任評議員。	01.日本民、商法施行於臺灣，但親族編、相續編因風俗不同而未施行。 ・公布治安警察法。 ・臺灣開始白話文運動（偏向中國白話文）。 07.東京臺灣青年會組織文化講演團，返臺巡迴演講；之後時有此舉。 　　新高嘉義二銀行合併，改稱「臺灣商工銀行」。 10.文協本部由臺北移至臺南。 12.發生治警事件。	01.孫文、越飛發表共同宣言，蘇聯支持中國革命。後改組國民黨，隔年初開始聯俄容共。 02.飛行員謝文達於東京上空散發臺灣議會宣傳單20萬張。 04.東京臺灣雜誌社發行《臺灣民報》。 06.日本發生第一次共產黨檢舉事件。 09.關東大地震，對日本政經影響甚深。
1924	36	・黃欣在固園開宴招待日本民本主義者、漢詩家茅原華山（茅原廉太郎），出席其中。	02.連雅堂刊行《臺灣詩薈》。 08.文協於臺中開設夏季學校，此後定期開辦（至1926年）。 11.發生第一次新舊文學論爭。 12.中國學者辜鴻銘來臺考察。 ・二林李應章、蔡淵騰等倡開農民講座。此後陸續有農民運動。	06.黃埔軍官學校開校，蔣介石為校長。 09.孫文準備第二次北伐。 11.馮玉祥將溥儀驅逐出紫禁城，溥儀避入日本公使館。
1925	37	06.臺灣文化協會讀報社舉辦演講，主講〈運命說〉。 12.五男駿嶽出生 ・娶張素蘭。	05.高雄佃農組織鳳山小作組合，後發展為鳳山農民組合。 ・實施治安維持法。 10.發生二林蔗農事件。	01.佐野學等準備重建日本共產黨。 03.孫文病逝。 05.上海發生五卅慘案。 06.廣東發生沙基慘案。

西元	年齡	生平事跡	臺灣要事	東亞要事
			11. 臺灣黑色青年聯盟成立。	07. 《臺灣民報》由旬刊改為週刊。 08. 《臺灣民報》發刊5週年紀念；臺灣雜誌社改稱臺灣民報社。 10. 日本普羅文藝同盟成立。
1926	38	・ 前往中國上海。	03. 花東鐵路通車。 04. 安平運河開通。 06. 臺灣農民組合成立。 12. 大東信託株式會社成立。	02. 共產黨人福本和夫之主張開始風行日本。 07. 蔣介石開始北伐（至1928年）。 12. 大正天皇歿，昭和天皇繼位。
1927	39	04. 「南光演藝團」改組成「臺南共勵會」，擔任理事、講演部成員。 07. 臺南商工業協會成立，被推舉為會長（該會1941年解散）。 09. 臺南商協舉辦「紀念創會廉賣」（此後也定期舉辦廉賣會）。 10. 中國畫家王亞南第一次來臺，與之相識，結為至交。 ・ 約年底，入大東信託公司，任臺南支店代理（1930年離職）；店長為劉明哲。 ・ 推動店員公休日。	01. 臺灣文化協會分裂，遂由左派掌理；3月將本部由臺南遷至臺中。 03. 臺銀發生超貸風暴。 ・ 矢內原忠雄來臺考察。 07. 臺灣民眾黨成立。 08. 《臺灣民報》由東京遷回臺灣發行。	02. 汪兆銘成立武漢國民政府。 03. 日本開始發生昭和金融恐慌。 04. 蔣介石清黨。 06. 日內瓦的日、英、美3國海軍裁軍會議失敗。 07. 中國共產黨退出武漢國民政府。 09. 武漢、南京兩國民政府合流。

西元	年齡	生平事跡	臺灣要事	東亞要事
1928	40	01. 與蔡培火等人成立「美臺團」。 03. 王亞南至臺南，受王開運等人招待。 04. 與王汝禎等人組織王姓宗親會。 05. 為南門墓地事件，以臺南商協代表向官方陳情。 ‧ 與黃欣、劉明哲等成立臺南佛心會。 07. 擔任臺南勸業協會評議員。 08. 與劉明哲籌備四民俱樂部。 10. 任官選臺南市協議會議員（至1935年）。 11. 組織臺南的國語學校同窗會。 ‧ 協助處理布店「錦聯興」的破產危機。 ‧ 發起「商船不載同盟」，迫使大阪商船同意減低運費。	01. 臺灣機械工會聯合會成立。 02. 臺灣工友總聯盟成立。 03. 臺北帝國大學創立。 05. 臺南州發布州令，欲開發臺南市大南門外墓地。 07. 總督府設高等警察，取締思想犯。 10. 臺灣社會事業協會成立，發行《社會事業の友》。 ‧ 總督府設置臺北放送局，為臺灣廣播肇始。	03. 日本全國共產黨大檢舉。 04. 臺灣共產黨在上海成立。 05. 中國發生濟南慘案。 ‧ 新臺灣文化協會於東京刊行《臺灣大眾時報》（1930年改題《新臺灣大眾時報》）。 06. 張作霖歸返奉天途中遭炸死。 10. 蔣介石任國民政府主席。 12. 張學良率東北改隸國民政府。
1929	41	05. 加入安平築港期成大會。 07. 開辦臺南愛護會，擔任副會長（至1946年）；王汝禎為會長。 09. 與趙雲石、黃欣等開書畫頒佈會，延請洪鐵濤等文士現場揮毫潤格。	08. 赤崁勞動青年會舉行反對中元普渡活動。 12. 民眾黨反對總督府重新頒發阿片吸食執照，向日本、國際聯盟等方面發電報反對。 ‧ 新文協再分裂，連溫卿一派退出。	06. 日本承認中國國民政府。 10. 矢內原忠雄《帝國主義下之臺灣》出版（臺灣禁止發賣）。 ‧ 紐約股票暴落，世界性經濟恐慌開始。 11. 日本大藏省宣布金解禁。

西元	年齡	生平事跡	臺灣要事	東亞要事
1930	42	01. 王亞南第二次來臺，與之聚首。 02. 參與臺南愛市會主辦的「設置南部米穀取引所」磋商會，並為實行委員。 ・ 調停臺灣織布會社織工的保證金權益。 05. 與臺南市內日籍商人、官員，共赴港灣大會；6月，大會支持安平築港運動。 ・ 擔任末廣公學校保護者會會長。 06. 歸臺，報告港灣大會經過，並出席「全國港灣大會出席代表王開運氏洗塵會」。 ・ 協助楊肇嘉在臺南募集臺灣地方自治聯盟的發起人。 07. 《臺灣新民報》祝賀10週年，受邀撰寫〈就安平港築港問題而言〉一文。 08. 與徐乃庚等人擔任自聯發會式上招待來賓之委員。 ・ 擔任自聯本部理事兼臺南支部常務幹事。同月臺南支部開「記念政談講演會」，為講者之一。	・ 年初，林獻堂等籌議組織「臺灣地方自治聯盟」。 01. 《臺灣民報》與《臺灣新民報》同日各召開股東大會，議決兩社合併。 02. 國際聯盟阿片調查團來臺，3月民眾黨代表與調查委員會談於臺北鐵道飯店。 06. 《伍人報》創刊（15期後改稱《工農先鋒》。後再與《臺灣戰線》合刊，稱《新臺灣戰線》）。 08. 自聯正式成立。 ・ 《洪水報》、《臺灣戰線》、《明日》等雜誌相繼創刊。 09. 《三六九小報》創刊。 10. 《現代生活》創刊。 ・ 臺南市舉行「臺灣文化三百年記念會」。 臺中州能高郡發生霧社事件。 11. 《臺灣新民報》自辦五州七市模擬選舉。	01. 日本出席倫敦海軍軍縮會議。 02. 日本全國共產黨大檢舉。 03. 日內瓦國際經濟會議開幕，討論關稅停戰問題。 10. 中國發生中原大戰。 ・ 年底，國民黨開始清剿共產黨，此後兩黨戰事不斷。

西元	年齡	生平事跡	臺灣要事	東亞要事
		· 愛護會成立一週年，舉辦講演會，爲講者之一。 09.擔任《三六九小報》編輯，撰〈釋三六九小報〉，乃《小報》宣言之一；畢生大部份的雜文作品，也都刊登在《小報》。 · 王氏〈演說的秘訣〉與洪鐵濤〈雞規仙外傳〉，被認爲是譏諷黃欣，雙方略有論爭，醸成南社內訌，原訂10月底舉辦於臺南市的「全島詩人大會」因而取消。 10.率領臺南商協參與「臺灣文化三百年記念會」的廉賣活動，並擔任紀念會的評議員、活動寫眞係長。 · 協助處理當鋪「集源號」倒閉問題。 · 蔡培火與黃欣不合，撰文支持蔡氏。 · 參與工業學校在臺南設置之請願運動。	· 民眾黨電告拓務省，抗議軍隊對霧社原住民施放毒瓦斯，要求改善理蕃政策。 12.臺南發生地震。 · 臺灣話文/鄉土文學運動於此年展開。	
1931	43	01.楊肇嘉赴日遞出改革地方自治之建議書、請願書，請願書中有王氏的連署。	01.臺灣共產黨分裂爲謝雪紅派與改革同盟派。 02.臺灣民眾黨被迫解散。	03.日本軍人政變失敗。 07.中國發生萬寶山慘案。 09.發生九一八事變。

西元	年齡	生平事跡	臺灣要事	東亞要事
		‧ 《臺灣新民報》自辦州市議員模擬選舉，被讀者選為臺南市協議員。 03.高雄州廳發布辭令，任命為路竹庄長（～1934年）。 07.就任臺灣運輸組合常議員及常置員 ‧ 擔任臺南米穀商聯合會幹事兼顧問。 ‧ 擔任自聯臺南支部大會的選舉長，選出該支部在自聯全島大會的出席代表。 08.與其他商民代表，聯同向官方陳情解除市內部份區域牛馬車禁止通行之令。 09.《三六九小報》與《臺南新報》發生筆戰，王氏也加入其中，成為《臺南新報》的攻擊對象之一。 ‧ 王亞南第三次來臺，與之聚首。 ‧ 不滿日本郵船運費過高，臺南商協改與辰馬汽船簽訂運送契約。 ‧ 協調蔡培火家庭紛爭。	03.臺灣共產黨大檢舉；9月島內臺共黨員悉數被捕。 06.臺灣文藝作家協會成立。 08.蔣渭水逝世。 12.臺灣文化協會自行解散，欲另組大眾黨。 ‧ 開始花蓮港築港計畫。	12.日本再次禁止金輸出，引發市場變動。

西元	年齡	生平事跡	臺灣要事	東亞要事
1932	44	01. 擔任臺南愛市會幹事。 11. 推動成立共榮貯金會。 · 投資南郡運輸。 · 王亞南逝世，張振樑計畫編輯《江陰王亞南先生詩畫集》，王氏有題序（後因故擱置，該書直至戰後始出版）。 · 擔任自聯臺南支部幹事。 · 蔡培火母親逝世，與楊振福代爲辦置葬儀式會場。	01.《南音》創刊。 03. 一新會成立從事農村文化啓蒙運動。 04.《臺灣新民報》開始發行日刊（1934年獲允發行夕刊）。 · 官方於安平古堡處設臺灣史料館。 11. 總督府禁止開設漢文書房。 · 臨海公路（今蘇花公路）開通。	01. 中國發生上海事變。 03. 滿洲國成立。 05. 日本軍人政變，刺殺首相犬養毅。
1933	45	02. 臺南市公會堂開議時局講演會，爲講者之一。 03. 參與臺南警察後援會。 · 組織樂天會 04. 至日本進行商工考察，〈東遊日記〉乃此行的考察報告。 · 組織永森記木材株式會社。 · 加入安平築港期成同盟會	03. 公布米穀統制法。 10. 自聯派員赴朝鮮考察地方自治制度。 · 臺灣文藝協會成立。	01. 中國發生山海關事件。 02. 國際聯盟不承認滿洲國。 03. 日本退出國際聯盟。 07. 東京臺灣留學生組織臺灣藝術研究會，發行《フォルモサ》。 05. 中日簽署塘沽協定。
1934	46	05. 受邀參加「臺灣文藝聯盟」成立大會，似未出席。 06. 安平築港期成同盟會於臺南公會堂開臨時大會，爲講者之一。 · 參與臺南粟市共同利用組合。	06. 日月潭水力電氣工事計畫完成第一發電所（1937年完成第二發電所）。 07. 臺灣文藝協會發行《先發部隊》。 11. 臺陽美術協會成立。	11. 中國共產黨開始長征。 · 日本軍人計畫政變，被檢舉。 · 國民政府推行新生活運動。

西元	年齡	生平事跡	臺灣要事	東亞要事
		08. 任臺灣材木商聯合會第四回通常總會代表 09. 任新竹市第12回全島實業大會代表 · 參與市內製麻會社的創立。 · 擔任末廣幼稚園創立委員 · 與黃宗葵、櫻井齊等人發起臺南醫療利用組合。 · 投資株式會社永森記商行。		
1935	47	02. 妻王董阿柳逝世。 05. 爲張江攀舉行南山生壙徵詩。 07. 擔任自聯臺南支部大會的選舉長,選出自聯本部大會的出席代表。 · 臺南的棒球隊將遠征日本,市內組織後援會,爲幹事之一。 10. 之前臺灣文化三百年記念會場地轉型爲臺灣博覽會的臺灣歷史館,並任歷史館後援會成員。 11. 擔任官選臺南市會議員(直至1944年)。 · 與佐佐木紀綱、黃欣等地方士紳,共同爭取在臺南設置煙草工場。	04. 公布自治律令,修正臺灣州、市、街、庄制度。 · 中北部大地震。 05. 《風月》創刊(後陸續改題爲《風月報》、《南方》)。 10. 臺灣博覽會開幕。 11. 施行市、街庄議員半民選半官選,爲臺灣人第一次選舉投票(州會議員於隔年 11 月選舉)。 · 南迴公路開通。	02. 日本發生天皇機關說爭議。 03. 裕田里見被檢舉,日共中央崩潰。 09. 駐中國之日軍成立華北政權。 11. 汪兆銘被抗日派人士刺殺,重傷。

西元	年齡	生平事跡	臺灣要事	東亞要事
		・ 擔任有限責任臺南共榮建築信用購買利用組合的理事。		
1936	48	01. 與陳鴻鳴、川上八百藏等人，向臺南州廳請願設置水產講習所。 04. 至日本進行商工考察。 07. 擔任國防問題南部住民大會講者。 08. 擔任臺南飛行場期成同盟會陳情委員。 ・ 續弦趙錦雀 ・ 臺南商協會出面調停利源商行投資失利之事。	03. 臺北飛行場（今松山機場）第一期工程告竣。 06. 公布臺灣拓殖株式會社法。 09. 小林躋造任臺灣總督，恢復武官總督型態。 12. 中國作家郁達夫訪臺。	01. 日本出席倫敦軍縮會議，聲明不合作。 02. 日本軍人政變，刺殺齊藤實等多位大臣。 05. 臺灣拓殖株式會社於東京成立。 06. 林獻堂至上海，發生祖國事件。 08. 日本首相及外、陸、海、藏等5相共議，擬訂進出中國、南洋及充實軍備等計畫。 12. 發生西安事變，使蔣介石轉向積極抗日。
1937	49	・ 擔任臺南市方面委員。 ・ 與黃欣、辛西淮、陳鴻鳴、劉清井、沈榮等人推動皇軍獻金活動，預計至少募集5萬圓，並有意組織慰問隊。	02. 舉行首屆全臺市議懇談會。 04. 《臺灣日日新報》、《臺灣新聞》、《臺南新報》停止漢文版；《臺灣新民報》漢文版則縮限一半，又於6月全部廢止。 08. 臺灣地方自治聯盟解散。 ・ 官方宣布臺灣進入戰時體制，加強各項管制。 09. 國民精神總動員本部成立，開始徵召臺灣人權充中國戰場軍伕。	05. 日本近衛文麿內閣成立。 07. 蘆溝橋事變發生，中日戰爭開始。 09. 國共發表合作抗日宣言，兩黨仍時有糾紛。 ・ 日本拒絕國際聯盟對中日問題之調停。 10. 印度國民會議派譴責日軍侵略中國，拒銷日本商品。 12. 日軍造成南京大屠殺。

西元	年齡	生平事跡	臺灣要事	東亞要事
			10.臺南歷史館（原臺南史料館）開幕。 · 擔任臺灣都市計劃委員會臨時委員。	· 日軍於北京扶植中華民國臨時政府。
1938	50	04.辰馬汽船辰和丸初航，與臺南商協成員於安平港登船訪問。 07.六男德予出生。 · 加入臺南商工會議所。 · 加入保證責任臺南倉庫信用利用組合。 · 代表臺灣材木商聯合會獻出 300 円，做為戰爭慰問金、獻金。	04.公布臺灣農業義勇隊招募要綱。 05.實施國家總動員令。 · 日本積極移民來臺。 07.官方勒令各團體設立愛國貯金組合。 10.實施經濟警察制度 · 各地商工會整合為「商工會議所」，由官方、日籍商人主導。 · 開始准許民間設立私立中學或高等女校。	03.日軍扶植南京中華民國維新政府。 · 國民黨發表抗戰建國綱領。 10.日軍佔領廣東、武漢。 12.汪兆銘發表對日和平宣言。 · 中日戰爭轉為持久戰。
1939	51	06.《臺灣日日新報》於各地舉行時局座談會，出席臺南地區的座談會。 07.於臺南組織薪炭組合總會。 08.臺南公會堂舉行排英保甲民大會，與會演說。 10.為臺南市南支皇軍慰問團代表之一，至中國廣東省慰勞日軍。 · 投資潮州合同運送株式會社。	03.《崇聖道德報》創刊。 05.總督小林躋造宣告臺灣皇民化、工業化、南進化。 07.公布國民徵用令。 10.公布米配給統制規則。	01.中國成立國防最高委員會、公布國民精神總動員綱領。 02.日軍登陸中國海南島。 12.日本推行朝鮮人民改用日本姓名。

西元	年齡	生平事跡	臺灣要事	東亞要事
1940	52	・遊歷滿洲國、朝鮮，後東渡日本，順道訪蔡培火（時蔡氏已移居東京）。	02.推行臺灣人改用日本姓名。 05.發行報國公債。	05.日軍扶植中華民國中央政府（汪兆銘政權）。 07.第二次近衛文麿內閣成立。 08.日本推出「大東亞共榮圈」協同體制。 09.日、義、德三國同盟於柏林簽署。 10.日本成立大政翼贊會。
1941	53	05.臺南商工業協會解散，旗下的愛護會、共榮貯金會仍留存運作。 12.三女秀珠出生。 ・《瀛海詩集》出版，收錄數首王氏詩作。 ・受命為皇民奉公會幹部。 ・黃拱五遷居與王氏同住。	02.《臺灣新民報》改題《興南新聞》。 03.小學校、公學校一律改為國民學校。 04.臺灣皇民奉公會成立。 05.啓文社成立，發行《臺灣文學》。 12.公布國民勞動協力令施行規則。 ・原住民被編成高砂義勇隊，赴南洋戰場。	03.日本廢止學習朝鮮語。 07.日本御前會議決定「配合情勢推移之帝國國策要綱」。 ・第三次近衛文麿內閣成立。 ・中、美、英在重慶成立軍事合作協議。 10.東條英機內閣成立。 12.珍珠港事變發生；後中、英、美正式對日宣戰。
1942	54	・臺北公會堂舉行時局講演會，代表臺南與會演說。	04.實施臺灣特別志願兵制度。 ・公布重要物資管理營團法。 12.舉行第一回大東亞文學者大會	01.日、德、義在柏林簽署軍事協定。 ・蔣介石任同盟國中國戰區最高統帥。 04.美國麥克阿瑟任西南太平洋聯合軍司令官。 05.日本翼贊政治會成立。

西元	年齡	生平事跡	臺灣要事	東亞要事
				・ 初，日軍在南洋戰場頗得勝捷；6 月中途島戰役後，美軍因而得到戰爭主動權。 10. 中、美、英、蘇於重慶開議東亞作戰會議。
1943	55		02. 日本文學報國會臺灣支部成立。 ・ 舉行第二回大東亞文學者大會 04. 文學界發生「糞寫實主義論戰」。 05. 實施海軍特別志願兵制度 11. 中、美軍機轟炸新竹機場。 ・ 臺灣文學奉公會於臺北召開臺灣決戰文學會議。	05. 日本發布大東亞政略指導大綱。 09. 盟軍開始進行跳島戰術。 ・ 日、德宣布同盟。 10. 蔣介石任國民政府主席。 11. 日、滿、泰、菲、緬、汪等政權舉行大東亞會議。 ・ 美、英、中舉行開羅會議。 ・ 日本召集臺灣、朝鮮留日學生赴前線。
1944	56	02. 以臺南市奉公壯年團副團長身份，推行穿著戰時服裝、國語常用運動；兼任市內徵兵制協力會會長、啓發班班長。 08. 派任為中國海南島海口市瓊崖銀行總經理(至 1945 年)。 09. 辭退臺南州商工經濟會理事、保證責任臺灣倉庫信用利用組合理事、保證責任臺南共榮建築信用購買利用組合理事等職銜。	01. 公布皇民煉成所規則。 03. 公布臺灣決戰非常措置實施要綱 ・ 《臺灣日日新報》、《臺灣日報》(前身即《臺南新報》)、《臺灣新聞》、《興南新聞》、《高雄新報》、《東臺灣新聞》等 6 家日報，合併為《臺灣新報》。 05. 大東、臺灣興業、屏東等 3 家信託併為臺灣信託公司。	03. 日本全國晚報停刊，11 月報紙減為半張。 04. 日本對中國發動一號作戰。 08. 日本決定國民總武裝。 10. 日本神風特攻隊開始攻擊美艦隊。 11. 汪兆銘逝於日本。

西元	年齡	生平事跡	臺灣要事	東亞要事
			08.臺灣實施徵兵制度。 10.臺灣開始遭受盟軍轟炸,情況慘重。 12.安藤利吉任臺灣末代總督。	
1945	57	04.四女靜珠出生。 ・任旅瓊臺灣同鄉會會長,並頻繁致電給臺灣官方、民間,要求協助留瓊者返鄉,又派同鄉會代表先行返臺求援。 ・險遭軍隊槍斃,後向四六軍長兼海南島防衛司令官韓鍊成,借用數名士兵,維護旅瓊臺灣人的安全,並試	04.日本謀改善對殖民地之態度,選林獻堂、簡朗山、許丙為貴族願議員。 08.中日戰爭結束,臺灣脫離殖民統治。 ・國民政府任命陳儀為臺灣行政長官。 09.張士德來臺發展三民主義青年團組織。 10.新政府開始接收臺灣。	06.日本天皇於最高戰爭指導會議裡,採擇本土決戰方針。 08.美軍於廣島、長崎投下原子彈。 ・日本接受波茨坦宣言,無條件投降,並發表終戰詔書。 ・國共重慶會談。 10.國共內戰開始,之後時常處於邊和
		圖消弭海南島人對臺灣人的偏見。	・林獻堂呼籲救濟流落海外之臺灣人;此前此後旅外臺灣人亦陸續設法返臺。 ・《臺灣新報》改為《臺灣新生報》,為戰後首家公營報紙。 11.國民黨臺灣省黨部開始運作。 ・禁止法幣在臺流通。 12.頒布臺灣省人民姓名回復辦法。 ・開始遣返在臺日本人。	談邊內戰的狀態。 ・立法院通過漢奸處理條例。 ・聯合國正式成立。 11.美國任命馬歇爾調停國共內戰(至1947年無效收場)。 ・中國、日本、朝鮮、越南、印尼等地的左翼、民族主義之政黨團體漸次恢復活動。 ・美、英、蘇等國開始涉足亞洲事務。

西元	年齡	生平事跡	臺灣要事	東亞要事
			· 臺灣省行政區域改制，分為8縣9市，並派任各縣市長。 · 物價上漲至光復之初的數十倍。	
1946	58	01. 於海口市的旅瓊臺灣同鄉會本部前，與同鄉照相留念。 05. 離開海南島，赴香港求援，計畫租船載旅瓊者回臺。 06. 抵返臺灣，於《民報》談論旅瓊臺灣人慘況，並向民間募款以籌備租船資金。 07. 官方開始派船大量地接運旅瓊臺灣人，但仍有部份是自行租船返鄉。而王開運等同鄉會成員，仍從旁促請官方救助自行返臺而途中落難的臺灣人，或者是直接由同鄉會救濟。 10. 於臺中參加國語學校 43 期同學會。 · 因大部份旅瓊臺灣人已返鄉，乃決定將募金餘款發還給捐款者，並結束旅瓊同鄉會臺北聯絡處。	01. 公告臺灣省漢奸總檢舉相關規程。 · 公告臺灣人自光復日起恢復國籍，並開始公民登記。 02. 臺人合資成立大公企業股份有限公司。 03. 各地縣市參議員選舉。 04. 省參議員選舉。 · 臺灣省國語推行委員會成立。 · 將日治時期的農業會改組為農會。 05. 臺灣銀行改組成立。 · 省參議會成立。 06. 臺灣土地銀行創立。 · 糧荒嚴重。 08. 失業者普遍增加。 · 遴選國民參政會臺灣代表 8 人。 09. 實施徵兵制度。 10. 公告新聞雜誌之日文版一律撤除。 · 選出制憲國民大會臺灣省代表 17 人。	01. 政治協商會議於重慶開幕。 05. 政府還都南京。 · 遠東國際軍事法庭展開東京審判。 08. 臺灣光復敬致團飛往上海。 07. 日本發生涉谷事件；後因裁決不公，臺灣人、國民政府向日本抗議。 11. 日本頒布戰後新憲法。 12. 制憲國民大會通過中華民國憲法，隔年 1 月公布，同年底施行。中國進入憲政時期。 · 中國石油公司創建於上海，隸屬資源委員會（1949年隨政府播遷來臺，改隸經濟部）。

西元	年齡	生平事跡	臺灣要事	東亞要事
		・持續向官方陳情剩餘的留瓊臺灣人猶待運返。 ・加入半官方性質「臺南市救濟院」的董事會。	・組織臺灣省合作金庫。 12. 長官公署刊行《臺灣省五十一年來統計提要》。	
1947	59	01. 於臺南市中正路上創立「玉豐行」。 02. 入職臺灣商工銀行（即後來的第一銀行），為公股監察人。 03. 因二二八事件被捕，名義是「擾亂治安」，約在 4 月初之前保釋出獄。而官方編纂的〈台灣皇民奉公會活動概略〉，視王氏為「御用紳士」。	01. 公布臺灣人不列入檢肅漢奸、戰犯之相關法令。 ・公營事業機構改組為 12 家公司。 ・米價暴漲，一日上升數回。 02. 二二八事件爆發，隔月中央派軍鎮壓。 03. 華南商業銀行、臺灣商工銀行改組成立。 04. 行政長官公署改組為臺灣省政府。 05. 魏道明為首任省主席。 07. 遴選臺灣省國代 19 名、立委 8 名、監委 5 名。 10. 《自立晚報》創刊，為臺灣第一份晚報。 ・官方組織「臺灣合會儲蓄股份有限公司」。	05. 開始製發中華民國國民身份證。 ・自二二八事件後，日本、美國、香港等地漸次產生海外臺獨運動。
1948	60	07. 擔任「保證責任臺南市第一建築信用合作社」理事主席（1950 年退職，此合作社後改稱「臺南七信」）。	02. 臺灣省總工會成立。 06. 臺灣省通志館成立（隔年改組為臺灣省文獻委員會）。	03. 蔣介石當選行憲後中華民國首任總統。 05. 政府施行動員戡亂時期臨時條款。

西元	年齡	生平事跡	臺灣要事	東亞要事
		· 臺南市救濟院改組為「私立臺南救濟院」，為創辦董事之一（至1955年）。	09. 公布「化學肥料配銷辦法」。 10. 舉行臺灣省博覽會。	08. 政府進行金圓券改革，使臺灣進一步捲入內地惡性經濟之中。 · 政府決定將北京故宮文物精品運往臺灣。
1949	61	07. 加入「臺灣省地方自治研究會」。 · 與商友成立台南市進出口商業同業公會，擔任首屆理事長（直至1951年）。	01. 陳誠任省主席、省警備總司令。 04. 發生「四六事件」。 05. 全臺施行戒嚴（直至1987年解除）。 06. 進行新臺幣改革。 07. 陳誠籌組「臺灣省地方自治研究會」（同年底解散）。 10. 金門保衛戰開始，國軍於古寧頭擊退共軍。 11. 《自由中國》創刊。 12. 吳國楨任省主席。 · 施行三七五減租。	01. 蔣介石宣布引退，由副總統李宗仁與中共進行和談。 08. 美國發表《中美關係白皮書》。 10. 中華人民共和國宣布成立。 12. 蔣介石復總統職，後連任至1975年逝世為止。 · 中華民國退守臺灣。 · 中國廣播公司遷臺復業。
1950	62	09. 推薦徐灶生（時任臺中市參議會副議長）競選臺中市議員。	04. 松山機場「臺北航空站」啓用。 05. 中國文藝協會成立。 · 政府宣布破獲中共地下組織「臺灣省工作委員會」，為重大的中共在臺組織破獲行動。 06. 發行愛國獎券。 08. 開始將臺灣行政區域調整為16縣5省轄市。	06. 韓戰爆發（直至1953年）；美國以第七艦隊中立於臺灣海峽。

西元	年齡	生平事跡	臺灣要事	東亞要事
			‧ 實施地方自治，陸續產生民選地方首長和民意代表。惟省主席仍是官派（1994年始有民選省長）。 ‧ 鄉鎮漁會及漁業生產合作社合併，成立省、縣市、鄉鎮三級制漁會。	
1951	63	11. 當選臺灣省臨時省議會第一屆議員（臺南市代表）。	08. 省政府首次發布正式徵兵令（此前已有徵兵）。 11. 第一屆臨時省議會議員選舉。 ‧ 開始辦理公地放領。 ‧ 美援時代開始（直至1965年）。	09. 共49國簽署舊金山對日和約，臺灣與中國皆未參加。
1952	64	02. 加入臺灣省臨時議員考查團第三組。 05. 臺灣省社會救濟事業協會頒發獎狀給王氏，肯定其長年投入社會事業的貢獻。 ‧ 臺、日和約的日本代表河田烈等人抵臺，黃朝琴宴請之，王氏參與其中。	02. 政府開始籌募愛國公債。 03. 中國青年反共救國團成立。	04. 臺灣與日本簽訂「中日和平條約」。
1953	65	07. 參與路竹蔬菜合作社開社員代表大會。	‧ 水泥公司、紙業公司、農林公司、工礦公司開放民營化。	

西元	年齡	生平事跡	臺灣要事	東亞要事
			・開始首次「臺灣經濟建設四年計畫」（至1956年）；後續有多次四年計畫。 ・施行耕者有其田政策。	
1954	66	04.因國民黨內部建立提名制度（1952），不再競選臨時省議員。 11.任臺灣紙業股份有限公司董事。 12.於寓所內協調許金德、顏欽賢等人在臺灣工礦股份有限公司經營權的競爭問題。	01.行政院新聞局成立。 04.第二屆臨時省議員選舉，改為省民直選。 09.第一次臺海危機，一江山島陷落，國軍自大陳諸島轉進臺灣。 10.臺南紡織股份有限公司創立，為臺南幫企業集團基礎。	09.中國人民代表大會通過首部〈中華人民共和國憲法〉（1978年制定第3部憲法，始稱「臺灣是中國的神聖領土」。 12.臺、美簽訂「中美共同防禦條約」，乃美國支持中華民國的法理依據（1980年終止）。
1955	67	・與陳逢源、林熊祥並列為《臺灣詩壇》雜誌社副社長，且至少到了1968年，仍是同人。	08.發生孫立人案。	04.印尼舉行萬隆會議。
1956	68	07.以行書作品參加《臺灣詩壇》創刊5週年時人書畫展。 ・臺灣水泥公司創立「臺灣通運倉儲公司」，任董事長。	・設立南投中興新村，臺灣省政府由臺北遷置於此。 ・福建省政府由金門移駐臺灣，金、馬地區進入戰地政務時期（1992年省政府復遷回）。	02.廖文毅於日本東京組織台灣共和國臨時政府。
1957	69	12.代表臺灣第一商業銀行出席臺灣紙業股份有限公司第二屆董監事會議。	04.第三屆臨時省議員選舉。 06.日本首相岸信介訪臺（後又多次來訪）。	

西元	年齡	生平事跡	臺灣要事	東亞要事
1958	70	11. 與于右任等出席中日文化交流書法展覽會。	05. 東西橫貫公路（中橫）完工通車。 · 省議會由臺北移往臺中縣霧峰鄉。 08. 第二次臺海危機（八二三砲戰）。	
1959	71	· 戰後首次由日本航空公司招待，代表臺灣第一商業銀行訪日。	06. 臨時省議會改爲臺灣省議會，是爲第一屆正式省議會。 08. 發生八七水災。	· 越戰爆發（直至1975年）。
1960	72	· 協助環球水泥公司於路竹鄉設置大湖工廠。	09. 發生雷震案。	
1961	73		04. 臺南市舉行鄭成功復臺三百週年紀念。 07. 中央銀行在臺復業。	
1962	74	08. 任臺灣煉鐵股份有限公司監察人。 09. 國賓飯店與東急ホテル簽約技術合作，參與其中，並爲國賓飯店常任顧問。	01. 第三次臺海危機，蔣介石欲反攻中國，後因美國反對而落幕。 02. 國賓飯店於臺北奠基興工。 10. 臺灣電視公司開播。	· 史明於日本完成《臺灣人四百年史》。
1963	75	10. 慶祝臺灣光復第18年，受《自立晚報》邀請發表談話。	09. 花蓮港開放爲國際港。	
1964	76		01. 湖口兵變，隨即失敗。 05. 第一條高速公路麥帥公路通車。 09. 彭明敏等人發布〈臺灣人民自救宣言〉。 · 石門水庫完工。	

西元	年齡	生平事跡	臺灣要事	東亞要事
1965	77		05.臺灣共和國臨時政府大統領廖文毅返臺。 11.臺北國立故宮博物院落成。	
1966	78		05.北部橫貫公路完工通車。 11.政府發起中華文化復興運動。 12.高雄加工出口區成立。	05.中國發生文化大革命（至 1977 年結束）。 11.亞盟擴大組織為世界反共聯盟。
1967	79	· 因膀胱病入臺大醫院。	05.中國農民銀行在臺復業。 07.中國民族音樂研究中心發起民歌採集運動。 · 臺北市升格為院轄市。 10.曾文水庫興工。 11.教育部文化局成立（後漸次改制為文建會、文化部）。	
1968	80		01.戶稅制度廢止。 · 實施九年國民教育。 07.南橫公路動工（1972 年完工）。	
1969	81	· 年初，病情一度好轉，乃急訪友人；2 月因腦溢血病逝，享齡81。	07.小港機場升格為「高雄國際航空站」。 12.首次增選立法委員 11 人、增補選國民大會代表 15 人。	12.美國第七艦隊縮小臺海巡邏規模（1970 年停止巡邏）。

參考書目

一、王開運相關資料

1. 《王氏族譜》，王芳郁女士提供。
2. 〈王氏世系圖〉，國家圖書館縮影資料室藏。
3. 「王姓大宗祠議救濟關係文書」，國家圖書館縮影資料室藏。
4. 「樂天會會員芳名簿」，1963 年版，王開運家族提供。
5. 「日治時期王家戶籍謄本」，王開運家族提供。
6. 黃昆池，〈駑駘雜記──懷念本行故常務董事王開運先生〉，王開運家族提供。
7. 《王開運全集》，臺南：國立台灣文學館，2009。
8. 《杏庵詩集》，臺北：龍文出版社，2009。
9. 《美世紀》，臺北：杜文苓等訪談編撰，2011。

二、專著

1. 小田俊郎，《台灣醫學五十年》，洪有錫譯，臺北：前衛出版社，1995。
2. 千草默仙編，《會社銀行商工業者名鑑》，臺北：圖南協會出版，1932 年版、1935 年版、1936 年版、1938 年版、1939 年版、1940 年版、1941 年版、1942 年版、1943 年版。
3. 太田肥洲編，《新臺灣を支配する人物と產業史》，臺北：臺灣評論社，1940。
4. 尹章義，〈捨我其誰的史家和客觀環境的互動──《手稿本日據下台灣政治社會運動史》和報刊本、單行本《台灣民族運動史》的比較研究〉，收於葉榮鐘《日據下台灣政治社會運動史》，臺中：晨星出版社，2000。
5. 內藤湖南等著，《日本學人中國訪書記》，錢婉約、宋炎輯譯，北京：中

華書局，2006。

6. 王亞南，《遊臺吟稿》，臺北：文海出版社，1973。

7. 王讜，《唐語林校證》，周勛初校證，北京：中華書局，1987年。

8. 王詩琅譯註，《臺灣社會運動史——文化運動》，臺北：稻鄉出版社，1988。

9. 王育德，《王育德自傳：出世至二二八後脫出台灣》，吳瑞雲譯，臺北：前衛出版社，2002。

10. 王則修，《則修先生詩文集續編》，臺南：臺南市立圖書館，2005。

11. 王曉波編，《蔣渭水全集》，臺北：海峽學術出版社，2005。

12. 王浩一，《在廟口說書》，臺北：心靈工坊，2008。

13. 司徒琳（Lynn Struve），《南明史：1644～1662》，李榮慶等譯，上海：上海書店出版社，2007。

14. 羽生國彥，《臺灣小運送業發達史》，臺北：臺灣交通協會，1941。

15. 呂興昌編，《許丙丁作品集》，臺南：臺南市立文化中心，1996。

16. 李筱峰，《林茂生・陳炘和他們的時代》，臺北：玉山社，1996。

17. 李園會，《日據時期臺灣教育史》，臺北：國立編譯館，2005。

18. 何鳳嬌編，《政府接收臺灣史料彙編》，臺北：國史館，1990。

19. 何朝暉，《明代縣政研究》，北京：北京大學出版社，2006。

20. 吳三連、蔡培火、葉榮鐘、陳逢源、林柏壽，《臺灣民族運動史》，臺北：自立晚報，1971。

21. 吳文星，《日治時期臺灣的社會領導階層》，臺北：五南圖書出版社，2008。

22. 吳修齊，《七十回憶》，出版項不詳。

23. 吳修齊，《吳修齊自傳》，臺北：遠景出版社，1993。

24. 吳修齊，《八十回憶——臺灣實業鉅子吳修齊》，臺北：龍文出版社，2001。

25. 阮毅成，〈臺灣省地方自治工作參加記〉，收於《地方自治與新縣制》，臺北：聯經出版社，1978。

26. 杵淵義房，《臺灣社會事業史》，臺北：德友會，1940。

27. 林文廣主修，《路竹鄉志》，高雄：路竹鄉公所，1985。

28. 林慧姃，《吳新榮研究——一個台灣知識份子的精神歷程》，臺南：臺南縣政府，2005。

29. 林獻堂，《灌園先生日記（十八）：一九四六年》，許雪姬編，臺北：中央研究院臺灣史研究所、中央研究院近代史研究所，2010。

30. 周宗賢，《黃朝琴傳》，南投：臺灣省文獻委員會，1994。

31. 周婉窈編，《台籍日本兵座談會記錄并相關資料》，臺北：中央研究院臺灣史研究所籌備處，1997。

32. 施乾，《孤苦人群錄》，王昶雄編、李天贈譯，臺北：臺北縣立文化中心，1994。

33. 施梅樵，《梅樵詩集》，臺北：龍文出版社，2001。

34. 施添福總編纂，《臺灣地名辭書‧臺南市》，南投：臺灣省文獻委員會，1999。

35. 施懿琳，〈五〇年代台灣古典詩隊伍的重組與詩刊內容的變異——以《詩文之友》為主〉，收於《戰後初期台灣文學與思潮論文集》，臺北：文津出版社，2005。

36. 施懿琳、楊翠，《彰化縣文學發展史》，彰化：彰化縣立文化中心，1997。

37. 洪敏麟編，《臺南市市區史蹟調查報告書》，臺中：臺灣省文獻委員會，1979。

38. 范勝雄，〈從大員港到台南港〉，收於《府城叢談：府城文獻研究1》，臺南：臺南市政府，1998。

39. 神田正雄，《動きゆく臺灣》，東京：海外社，1930。

40. 徐振國，〈對葉榮鐘先生編著的《彰化銀行六十年史》的一則解讀〉，收於葉榮鐘《近代台灣金融經濟發展史》，臺中：晨星出版社，2002。

41. 徐友春主編，《民國人物大辭典（增訂版）》，石家莊：河北人民出版社，2007。

42. 翁佳音譯註，《臺灣社會運動史——勞工運動、右派運動》，臺北：稻鄉出版社，1992。

43. 高明士主編，《臺灣史》，臺北：五南圖書出版社，2006。

44. 孫彰良，〈私設救護施設愛愛寮からみる植民地下の窮民救助〉，收於《植民地社會事業關係資料集‧台湾編‧別冊【解說】》，東京：近現代資料刊行會，2006。

45. 陳逢源，《溪山煙雨樓詩存》，臺北：龍文出版社，1992。

46. 陳培豐，《同化の同床異夢》，王興安、鳳氣志純平編譯，臺北：麥田出版社，2006。

47. 黃秀政，《「台灣民報」與近代台灣民族運動（一九二〇～一九三二）》，彰化：現代潮出版社，1987。

48. 黃秀政、張勝彥、吳文星，《臺灣史》，臺北：五南圖書出版社，2002。

49. 黃朝琴，《我的回憶》，臺北：龍文出版社，1989。

50. 黃昭堂，《台灣民主國之研究》，廖為智譯，臺北：現代學術研究基金會，1993。

51. 黃金島,《二二八戰士:黃金島的一生》,臺北:前衛出版社,2004。

52. 黃洪炎編,《瀛海詩集》,臺北:龍文出版社,2006。

53. 黃美娥,〈日治時代臺灣詩社林立的社會考察〉,收於《古典臺灣:文學史・詩社・作家論》,臺北:國立編譯館,2007。

54. 黃慧貞《日治時期臺灣「上流階層」興趣之探討——以《臺灣人士鑑》爲分析樣本》,臺北:稻鄉出版社,2007。

55. 黃拱五,《拾零集》,臺北:龍文出版社,2009。

56. 黃紹恆,《臺灣經濟史中的臺灣總督府:施政權限、經濟學與史料》,臺北:遠流出版社,2010。

57. 張振樑編,《江陰王亞南先生詩畫集》,臺南:張振樑,1978。

58. 張李德和,《琳瑯山閣唱和集》,臺北:詩文之友,1968。

59. 張子涇,《台籍元日本海軍陸戰隊軍人軍屬いずこに》,臺中:聯邦書局,1984。

60. 張健,《隨園詩話精選》,臺北:文史哲出版社,1986。

61. 張漢裕編,《蔡培火全集》,臺北:吳三連台灣史料基金會,2000。

62. 許成章,〈擊缽吟與詩〉,收於《許成章作品集・詩論》,高雄:春暉出版社,2000。

63. 許佩賢,《殖民地臺灣的近代學校》,臺北:遠流出版社,2005。

64. 連雅堂,〈詩薈餘墨〉,收於《雅堂文集》,南投:臺灣省文獻委員會,1992。

65. 葉榮鐘,《日據下台灣政治社會運動史》,臺中:晨星出版社,2000。

66. 葉榮鐘著、葉芸芸補述,《日據下台灣大事年表》,臺中:晨星出版社,2000。

67. 葉榮鐘,《近代台灣金融經濟發展史》,臺中:晨星出版社,2002。

68. 葉榮鐘,《葉榮鐘早年文集》,臺中:晨星出版社,2002。

69. 葉嘉瑩,《葉嘉瑩說陶淵明飲酒及擬古詩》,北京:中華書局,2007。

70. 程佳惠,《台灣史上第一大博覽會》,臺北:遠流出版社,2004。

71. 湯熙勇、陳怡如編,《臺北市臺籍日兵查訪專輯:日治時期參與軍務之臺民口述歷史》,臺北:臺北市文獻委員會,2001。

72. 楊瑞先,《珠沉滄海:李萬居先生傳》,臺北:文海出版社,1968。

73. 楊碧川,《臺灣歷史年表》,臺北:自立晚報,1988。

74. 楊永彬,〈日本領臺初期日臺官紳詩文唱和〉,收於《臺灣重層近代化論文集》,臺北:播種者出版社,2000。

75. 楊蓮福,《重回秀才厝——蘆洲李聲元李讚生家族資料彙編》,臺北:博揚文化出版社,2009。

76. 遠藤克己,《人文薈萃》,臺北:遠藤寫真館,1921。

77. 趙祐志,《日據時期臺灣商工會的發展(1895~1937)》,臺北:稻鄉出版社,1998。

78. 劉進慶,《台灣戰後經濟分析》,王宏仁、林繼文、李明俊漢譯,臺北:人間出版社,1992。

79. 蔡朝聘,〈我所敬愛之韓博士〉,收於《韓石泉先生逝世三周年紀念專輯》,臺南:韓石泉先生逝世三周年紀念專輯編印委員會,1966。

80. 蔡慧玉編,《走過兩個時代的人:台籍日本兵》,臺北:中央研究院臺灣史研究所籌備處,1997。

81. 鄭牧心,《台灣議會政治40年》,臺北:自立晚報,1987。

82. 鄭浪平,《中國抗日戰爭史》,臺北:麥田出版社,2001。

83. 潘國正,《天皇陛下の赤子:新竹人・日本兵・戰爭經驗》,新竹:新竹市立文化中心出版,1997。

84. 盧嘉興,《台灣古典文學作家論集》,呂興昌編校,臺南:南市藝術中心,2000。

85. 館森鴻、尾崎秀眞編,《鳥松閣唱和集》,臺北:臺灣日日新報社,1906。

86. 謝國文,《省廬遺稿》,謝汝川輯,臺北:龍文出版社,1992。

87. 謝國興訪問,《吳修齊先生訪問紀錄》,臺北:中央研究院近代史研究所,1992。

88. 謝國興,《台南幫───一個台灣本土企業集團的興起》,臺北:遠流出版社,1999。

89. 謝國興,《府城紳士辛文炳和他的志業》,臺北:南天書局,2000。

90. 謝國興,《亦儒亦商亦風流:陳逢源(1893~1982)》,臺北:允晨文化出版社,2002。

91. 謝國興,〈台江的歷史地理變遷〉,收於《台江庄社家族故事》,臺南:安東庭園社區管委會,2003。

92. 謝培屏編,《戰後遣送旅外華僑回國史料彙編3・南洋 海南島篇》,臺北:國史館,2007。

93. 戴寶村,《近代台灣海運發展───戎克船到長榮巨舶》,臺北:玉山社,2000。

94. 薄慶玖編著,《地方政府與自治》,臺北:五南圖書出版社,1990。

95. 顏興,《鳴雨廬詩稿》,自印本,1984。

96. 蘇碩斌,《看不見與看得見的臺北》,臺北:群學出版社,2010。

97. 鷹取田一郎編,《壽星集》,臺北:臺灣總督府官房文書課,1916。

98. 《臺灣銀行二十年誌》,臺北:株式會社臺灣銀行,1919。

99. 《臺灣省地方自治研究會專刊》，臺北：臺灣省地方自治研究會，1949。

100. 《劉壯肅公奏議》，臺北：臺灣銀行經濟研究室，1958。

101. 《高雄縣志稿・沿革志・大事記》，高雄：高雄縣文獻委員會，1958。

102. 《鳳山縣采訪冊》，臺北：臺灣銀行經濟研究室，1960。

103. 《恒春縣志》，臺北：臺灣銀行經濟研究室，1960。

104. 《泉州府誌》，臺南：賴金源，1964。

105. 《台灣銀行史》，東京：台灣銀行史編纂室，1964。

106. 《第一銀行概況》，臺北：第一銀行，1967。

107. 《臺灣省地方自治誌要》，臺中：臺灣省地方自治誌要編輯委員會，1968。

108. 《第一銀行七十年》，臺北：臺灣第一商業銀行，1970。

109. 《台南市志・卷首》，臺南：臺南市政府，1978。

110. 《台南市志・卷四・經濟志・農林、金融、工商篇》，臺南：臺南市政府，1983。

111. 《台南市志・政事志社會篇》，臺南：臺南市政府，1992。

112. 〈台灣皇民奉公會活動概略〉，《二二八事件資料選輯（一）》，臺北：中央研究院近代史研究所，1992～。

113. 〈臺南市政府36.4（36）卯微南市警第七八一號送名冊〉，收於《二二八事件資料選輯（六）》，臺北：中央研究院近代史研究所，1992～。

114. 《重修臺灣省通志・卷一・大事志》，南投：臺灣省文獻委員會，1994。

115. 《重修臺灣省通志・卷四・經濟志・金融篇》，南投：臺灣省文獻委員會，1993。

116. 《重修臺灣省通志・卷六・文教志・學校教育篇》，南投：臺灣省文獻委員會，1993。

117. 《重修臺灣省通志・卷十・藝文志著述篇》，南投：臺灣省文獻委員會，1993。

118. 《台灣歷史年表・終戰篇》，臺北：業強出版社，1993。

119. 《口述歷史》第五期（日據時期台灣人赴大陸經驗專號之一），臺北：中央研究院近代史研究所，1994。

120. 《「二二八事件」研究報告》，臺北：時報文化出版社，1994。

121. 《臺灣總督府警察沿革誌》（復刻版），臺北：南天書局，1995。

122. 《臺灣人日本兵的戰爭經驗》，臺北：臺北縣立文化中心，1995。

123. 《海南省志・報業志》，海口：南海出版公司，1997。

124. 《中國民間故事集成・福建卷・霞浦縣分卷》，北京：中國 ISBN 中心，1998。

125. 《台灣抗日運動史》，臺灣總督府警務局編，張北等譯，臺北：海峽學術出版社，2000。

126. 《臺灣省參議會資料彙編：行政區域規劃》，臺北：國史館，2001。

127. 《高雄縣路竹鄉大社國民小學創校百週年特刊》，高雄：大社國小，2001。

128. 《臺灣社會事業總覽》，近現代資料刊行會企畫編集，東京：近現代資料刊行會，2001。

129. 《路竹鄉藝文資源調查：古地名》，高雄：路竹地方文化館，2005。

130. 《台南市市定古蹟「王姓大宗祠」修護調查研究計畫》，張玉璜建築師事務所執行，臺南：臺南市政府，2005。

131. 《台灣社會運動史（1913～1936）》，臺灣總督府警務局編，王乃信等譯，臺北：海峽學術出版社，2006。

132. 《臺灣府城議壇風雲：臺灣與臺南市地方自治發展史料特展專輯》，臺南：臺南市歷屆市議員協進會，2007。

133. 《財團法人台灣省私立台南仁愛之家家史》，臺南：財團法人台灣省私立台南仁愛之家，2007。

134. 《孔子家語》，西安：陝西人民出版社，2007。

135. 《二二八事件辭典·別冊》，臺北：國史館，2008。

136. 《廣東受降記述》，收於《民國史料叢刊》283，鄭州：大象出版社，2009。

137. 《王亞南遊臺詩文集》，新北：龍文出版社，2011。

三、報紙期刊

1. 王昭文，〈殖民體制下的社會改革理想實踐——以日治時代的愛愛寮為例〉，收於《輔仁歷史學報》第 14 期，臺北：輔仁大學歷史系，2003。

2. 林玉茹，〈殖民地邊區的企業——日治時期東臺灣的會社及其企業家〉，收於《臺大歷史學報》第 33 期，臺北：臺灣大學歷史學系，2004。

3. 柳書琴，〈通俗作為一種位置：《三六九小報》與 1930 年代的台灣漢文讀書市場〉，收於《中外文學》第 33 卷第 7 期，臺北：中外文學月刊社，2004。

4. 施懿琳，〈臺南府城古典文學的發展、研究與展望〉，收於中正大學臺灣文學史料編纂研討會，嘉義：中正大學，2000。

5. 施懿琳、陳曉怡，〈日治時期府城士紳王開運的憂世情懷及其化解之道〉，收於《臺灣學誌》第 2 期，臺北：臺灣師範大學台灣文化及語言文學研究所，2010。

6. 馬鉅強，〈安平港的改良對策之研究（1895～1925）〉，《國史館館刊》第 23 期，臺北：國史館，2010。

7. 曾金可編，《蔣主席六旬華誕介壽詩集》，臺北：建國月刊社，1948。

8. 張富美，〈海南島、臺灣及其他地方──從寄寓海南的臺籍詩人莊玉坡談起〉，收於《臺灣文學評論》第 9 卷第 1 期，臺北：眞理大學台灣文學系，2009。

9. 張興吉，〈抗戰時期日軍總體軍事戰略中海南島的地位〉，《海南大學學報（人文社會科學版）》第 22 卷第 2 期，2004。

10. 湯熙勇，〈脫離困境：戰後初期海南島之臺灣人的返臺〉，收於《臺灣史研究》第 12 卷第 2 期，臺北：中央研究院臺灣史研究所，2005。

11. 葉泉宏，〈韓練成投共之研究〉，收於《眞理大學人文學報》第 6 期，臺北：眞理大學，2008。

12. 盧嘉興，〈文獻導師石暘睢先生〉，《南瀛文獻》第 10 卷，臺南：臺南縣政府，1965。

13. 鄭梓，〈中央政府遷臺初期試行地方自治之歷史探源（一九四九～一九五〇）〉，收於國父建黨革命一百周年學術討論會，臺北，1994。

14. 鄭牧心，〈議政風雲五十年──試探「台灣經驗」中的議政傳承〉，收於《回顧與前瞻：台灣省議會成立五十週年專刊》，臺中：臺灣省議會，1996。

15. 鍾淑敏，〈殖民與再殖民──日治時期臺灣與海南島關係之研究〉，《臺大歷史學報》第 31 期，臺北：臺灣大學歷史學系，2003。

16. 《民報》，1945～1947 年份。

17. 《臺灣民聲日報》，1948～1954 年份。

18. 《臺灣詩報》，臺中：臺灣詩壇月刊社，1949～。

19. 《臺灣詩壇》，臺北：臺灣詩壇，1951～。

20. 《自立晚報》，1947～1969 年份。

21. 〈愛護會啓事〉，《中華日報》，1946 年 5 月 5 日，1 版。

22. 《聯合報》1951～1969 年份。

23. 〈臺大農院等四校新生 台南攷區今筆試〉，《商工日報》，1955 年 7 月 28 日，4 版。

24. 〈復華銀併購台南七信〉，《經濟日報》，2005 年 1 月 6 日，a04 版。

四、學位論文

1. 江昆峰，〈《三六九小報》研究〉，臺北：銘傳大學應用與文研究所中國文學組碩士論文，2004。

2. 任育德，〈向下紮根：中國國民黨與臺灣地方政治的發展（1949～1960）〉，臺北：政治大學歷史學系博士論文，2004。

3. 李紀幸,〈台灣火柴史之研究〉,臺北:淡江大學歷史學系碩士論文,2002。

4. 李岳倫,〈府城(台南)南門外土地使用的歷史發展〉,臺南:臺南大學台灣文化研究所碩士論文,2008。

5. 李知灝,〈戰後台灣古典詩書寫場域之變遷及其創作研究〉,嘉義:中正大學中國文學系博士論文,2009。

6. 柯喬文,〈《三六九小報》古典小說研究〉,嘉義:南華大學文學研究所碩士論文,2004。

7. 高小蓬,〈台灣省參議會推動地方自治之研究(1946~1951)〉,臺北:臺灣師範大學政治學研究所博士論文,2009。

8. 黃瓊瑤,〈日據時期的臺灣銀行(1899~1945)〉,臺北:臺灣師範大學歷史研究所碩士論文,1991。

9. 陳致中,〈1945年以前半路竹聚落空間之構成〉,臺北:臺北藝術大學建築與古蹟保存研究所碩士論文,2007。

10. 張惠芳,〈張淑子及其作品研究〉,臺南:臺南大學台灣文化研究所碩士論文,2009。

11. 張玉秋,〈日治時期宗教「迷信」話語研究〉,臺南:成功大學台灣文學系碩士論文,2010。

12. 溫文佑,〈戰後台灣鐵路史之研究——以莫衡擔任鐵路局長時期為例(1949~1961)〉,臺北:政治大學台灣史研究所碩士論文,2009。

13. 劉晏齊,〈從救恤到「社會事業」——台灣近代社會福利制度之建立——〉,臺北:臺灣大學法律學研究所碩士論文,2005。

14. 賴瀅玉,〈朱元璋民間造型之研究〉,臺北:臺灣大學中國文學研究所碩士論文,2002。

15. 謝明如,〈日治時期臺灣總督府國語學校之研究(1896~1919)〉,臺北:臺灣師範大學歷史學系碩士論文,2007

16. 鍾佩樺,〈從柱仔行街到府中街:一個台南都市歷史街道空間變遷之研究〉,臺南:成功大學建築學系碩士論文,2006。

17. 顏菊瑩,〈蕭永東研究——以《三六九小報》為探討文本〉,臺南:成功大學台灣文學系碩士論文,2010。

五、網站與資料庫

1. 林獻堂,《灌園先生日記》,中央研究院臺灣史研究所「臺灣日記知識庫」(http://taco.ith.sinica.edu.tw/tdk/%E9%A6%96%E9%A0%81)

2. 中央研究院,「漢籍電子文獻」資料庫(http://hanji.sinica.edu.tw/index.html?)

3. 國家圖書館,「臺灣記憶」網站(http://memory.ncl.edu.tw/tm_cgi/hypage.cgi?HYPAGE=index.hpg)

4. 國立中央圖書館臺灣分館,「日治時期期刊全文影像系統」(http://stfj.ntl. edu.tw/cgi-bin/gs32/gsweb.cgi/login?o=dwebmge)

5. 國立中央圖書館臺灣分館,「日治時期圖書全文影像系統」(http://stfb.ntl. edu.tw/cgi-bin/gs32/gsweb.cgi/login?o=dwebmge)

6. 國立臺中圖書館,「數位典藏服務網」(http://das.ntl.gov.tw/mp.asp?mp=1)

7. 國史館臺灣文獻館,「臺灣總督府府(官)報」資料庫(http://db2.lib.nccu. edu.tw.ezproxy.lib.ncku.edu.tw:2048/view/)

8. 國史館臺灣文獻館,「臺灣總督府檔案」(http://ds2.th.gov.tw/ds3/app000/)

9. 國史館臺灣文獻館,「日據時期與光復初期檔案查詢」網站 (http://db1n. sinica.edu.tw/textdb/twhist/)

10. 國立台灣文學館,「文學文物典藏系統」(http://xdcm.nmtl.gov.tw:8080/ NmtlFront/welcome.htm)

11. 國立台灣文學館,「1933年台灣新民報資料檢索系統」(http://sinmin.nmtl. gov.tw/opencms/sinmin/intro.html?rdm=1292311325706)

12. 文化部,「國家文化資料庫」網站(http://nrch.cca.gov.tw/ccahome/index.jsp)

13. 文建會,「線上臺灣歷史辭典」網站 (http://tkb.nmth.gov.tw/Doth/Default. aspx?2)

14. 數位典藏國家型科技計畫、清華大學圖書館,「葉榮鐘全集文書及文庫數位資料館」(http://archives.lib.nthu.edu.tw/jcyeh/)

15. 臺灣省諮議會,「臺灣省議會史料總庫」網站 (http://ndap.tpa.gov.tw/ drtpa_now/)

16. 中正大學台灣文學研究所、雲林科技大學漢學研究所,「台灣好!台灣文學網」網站 (http://140.125.168.74/literaturetaiwan/index.asp)

17. 《瓊海潮音》,收於「台灣佛教史料庫」的「圖書館藏」網站(http://www.chibs. edu.tw/ch_html/projects/taiwan/tb/index.htm)

18. 漢珍,「台灣人物誌」資料庫(http://news8080.ncl.edu.tw/whos2app/servlet/ whois?simplegenso)

19. 漢珍,「台灣當代人物誌」資料庫 (http://tbmc.infolinker.com.tw.ezproxy. lib.ncku.edu.tw:2048/whoscapp/start.htm)

20. 漢珍,「臺灣日日新報」資料庫 (http://203.70.208.88/newscgi/ttsnews? 1:370333297:0:ttswebx.ini:::@SPAWN#JUMPOINT)

21. 漢珍,「漢文臺灣日日新報」資料庫 (http://cdnete.lib.ncku.edu.tw.ezproxy. lib.ncku.edu.tw:2048/twhannews/user/index.php)

22. 漢珍,「臺灣總督府府報」資料庫 (http://p8025-cdnetf.lib.ncku.edu.tw. ezproxy.lib.ncku.edu.tw:2048/index.html)

23. 大鐸，「臺灣日日新報」資料庫（http://cdnetd.lib.ncku.edu.tw.ezproxy. lib.ncku.edu.tw:2048/ddnc/ttswebx.exe?@0^0^1^ttsddn@@0.3293468989038751#JUMPOINT）

24. 大鐸，「新聞知識庫」資料庫（http://203.70.208.88/newscgi/ttsnews?2: 480513855:0:ttswebx.ini:::@SPAWN#JUMPOINT）

25. 「三分子日軍射擊場遺址」，參見「行政院文化建設委員會文化資產總管理處籌備處」（http://www.hach.gov.tw/）

26. 吳淑美，「美世紀」網站（http://www.meicentury.com）

27. 岡山高級中學，「田野調查報告──地名諺語篇」網站（http://www.kssh.khc.edu.tw/resource/icsu/1/index.htm）

28. 「各里介紹」，高雄市湖內區公所網站（http://www.hunei.gov.tw/index2.asp）

29. 彰化銀行，「信託小百科」（http://www.chb.com.tw/wps/wcm/connect/web/pBanking/pPrd/pTrust/pTDtl/）

30. 「第一銀行」網站（https://www.firstbank.com.tw/Index.action）

31. 「台南市進出口商業同業公會」網站（http://www.nie.org.tw/index.asp）

32. 「台南市中西區公所」網站（http://www.tnwcdo.gov.tw/default.asp）

33. 〈未收千萬租金還捐款　集義老董助弱勢生〉，2011 年 4 月 17 日報導，「自由時報電子報」網站（http://www.libertytimes.com.tw/index.htm）

34. 維基百科（http://zh.wikipedia.org/zh-tw/Wikipedia:%E9%A6%96%E9%A1%B5）

35. 「八庄大道公」網站（http://www.918.org.tw/temple5/default.asp）

36. 「漳州白礁王姓宗祠」網站（http://www.zongci.com.cn/net/main/index.aspx?Menu=0&userid=61&AspxAutoDetectCookieSupport=1）

37. 〈跨越海峽的親情鏈接──龍海市白礁村首次披露與台灣王金平家族的兩岸情緣〉，《福建日報》（電子版，2007.04.06，http://www.66163.com/Fujian_w/news/fjrb/gb/content/2007-04-06/content_1091110.htm）

六、日治時代的報刊雜誌

1. 《臺灣愛國婦人》第 77 號，臺北：愛國婦人會臺灣支部，1915。

2. 《臺南新報》（1921～1937），吳青霞總編輯，臺南：臺灣歷史博物館、臺南市立圖書館，2009。

3. 《臺灣民報》，臺北：東方文化書局複刊，1973。

4. 《臺灣新民報》（1930～1932），臺北：東方文化書局複刊，1973。

5. 《台灣新民報：日刊　創始初期　1932/4/15～5/31》（光碟版），臺南：臺灣歷史博物館，2008。

6. 《臺灣新民報》（1940～1941，臺灣新民報社編），臺北：臺灣大學圖書

館，2009。

7. 《興南新聞》（1942～1943），臺北：莊東方文化書局，1997。

8. 《興南新聞》（微捲，興南新聞臺灣分社編，1941～1944），臺北：臺灣大學圖書館，2009。

9. 《臺灣總督府國語學校校友會雜誌》（1899～1910），臺北：臺灣總督府國語學校校友會。

10. 《臺灣教育會雜誌》，沖繩：ひるぎ社復刊，1994～1996。

11. 《新高新報》（微捲，臺灣日日新報社編，1929～1938），臺北：臺灣大學圖書館，2009。

12. 《三六九小報》（1930～1935），臺北：成文復刻版。

13. 《詩報》（1930～1944），臺北：龍文出版社，2007。

14. 《臺灣新文學雜誌叢刊》（復刻），臺北：東方文化書局，1981。

15. 《高雄州報》，1931年份，高雄：高雄州。

16. 《臺灣經世新報》（微捲，臺灣經世新報社編，1932～1937），臺北：臺灣大學圖書館，2009。

17. 《臺灣銀行會社錄》，臺北：臺灣實業興信所，1934年版、1936年版、1937年版、1938年版、1939年版、1940年版。

18. 《全島實業大會展望》，臺北：全島實業大會展望發行所，1937。

19. 《臺南市商工案內》，臺南：臺南市勸業課，1934。

20. 《臺灣史料集成》，臺南：臺南市役所內臺灣文化三百年記念會，1931。

附　錄

附錄一：文獻資料圖錄

（本圖錄盡量不與《杏庵詩集》、《王開運全集》重覆收錄）

一、王開運及其親友照片

【依序為王棟、王棟與王開運，以及
王開運與三兄王開泰。引自《王開運
全集》。】

君宗道王

高雄州岡山郡路竹庄字一甲

王　道　宗　君

明治九年九月六日生

王道宗君。又曰淵源。精通漢學。前清秀才。改隸後、
行政上。莫一不爲。大正六年任命區長。公供事宜。義
舉救恤寄附。自不待言。賞狀賞品。聲名遠播。上下信
賴。區民樂從。爲人溫厚。處世咸宜。

瘦菊

壬午春日寫照於梅花樹下

口占一絕藉作卷首之題詞

六々年華感易過

問梅奚與鬢爭皤

試思閱歷滄桑事

小影題詞却幸多

【依序為長兄王道
宗及舅父黃拱五。引
自遠藤克己《人文薈
萃》（臺北：遠藤寫
真館，1921），高雄
州部份；黃拱五《拾
零集》】

王鵬程

【左上、右上分別為文友陳逢源、王鵬程。引自張振樑編《江陰王亞南先生詩畫集》；陳逢源《溪山煙雨樓詩存》；《臺灣詩壇》第 2 卷第 1 期（1952 年 1月）。合照右起為文友蔡朝聘、王開運、文友王亞南 、友人鄧堯山、文友張振樑。王駿嶽先生提供】

二、王氏家族簡譜

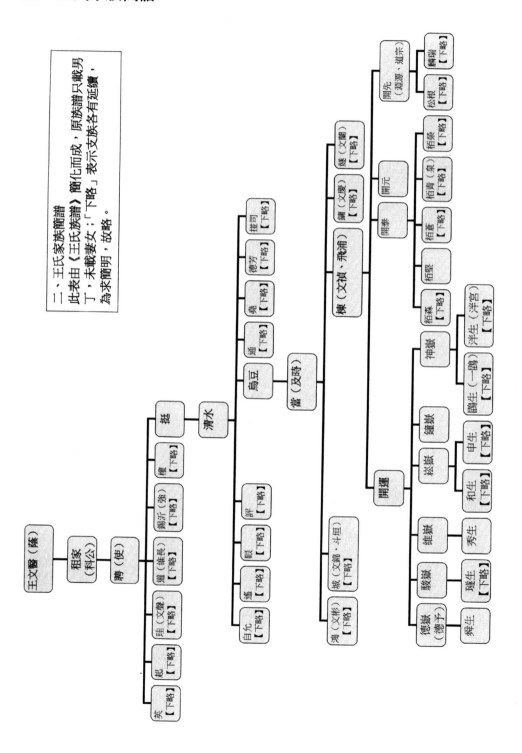

二、王氏家族簡譜
此表由《王氏族譜》簡化而成，原族譜只載男
丁，未載妻女；「下略」表示支族各有延續，
為求簡明，故略。

三、王開運生前藏書部分書影

【王玉嬰小姐提供，詳細藏書清單參見附錄四】

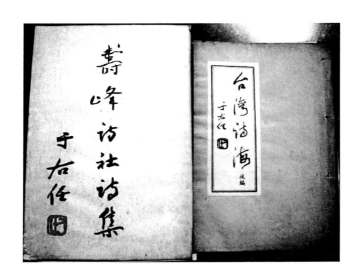

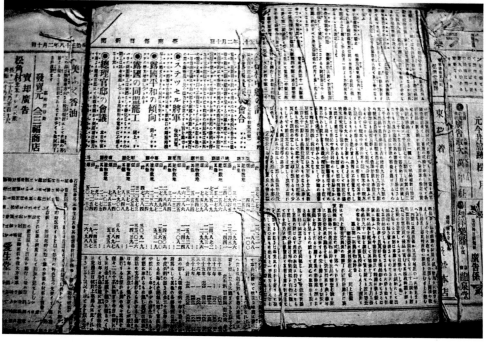

【《詩經精華》，其書背用「臺南每日新報」一報紙補訂】

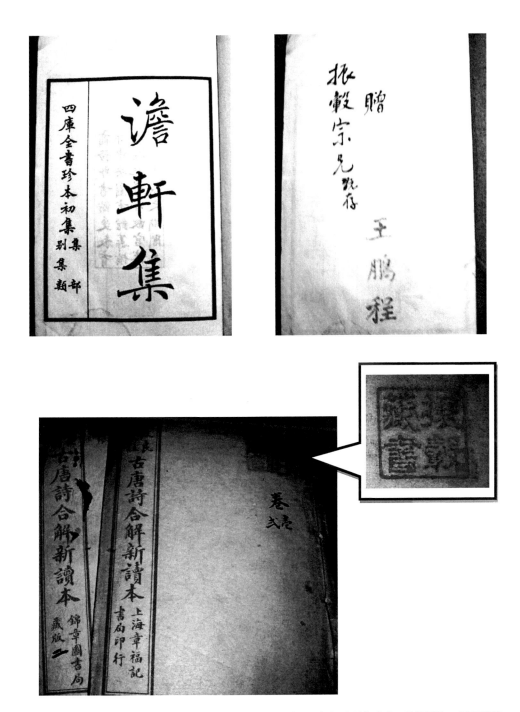

【依序為《澹軒集》及其內頁空白處、《古唐詩合解新讀本》。「振轂」是王開運較少見的筆名及藏書章用名】

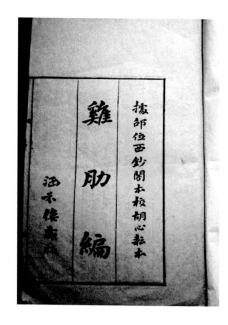

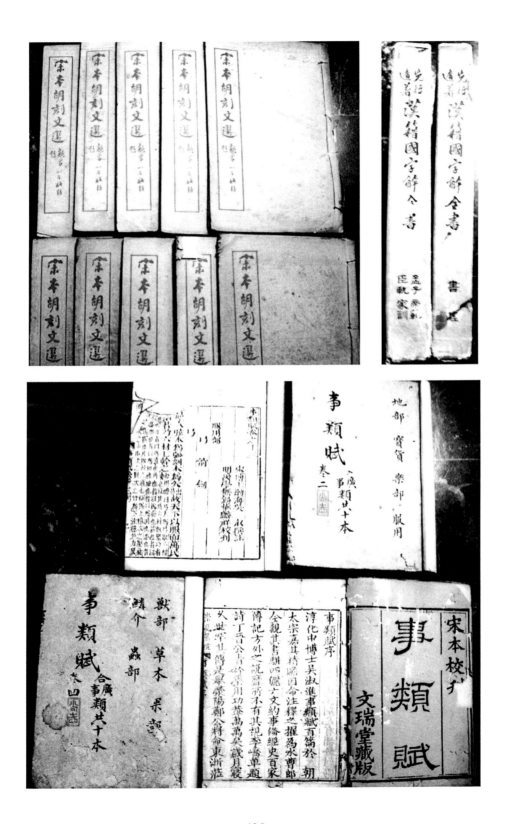

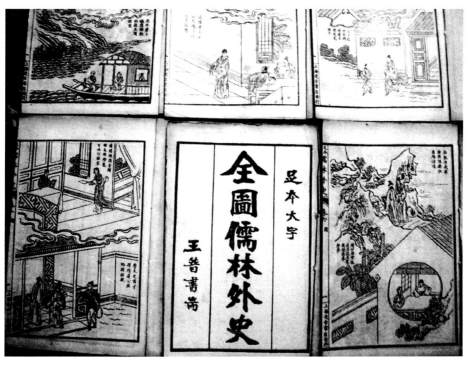

四、文友手稿

【《王開運全集》未收錄者，王駿嶽先生提供】

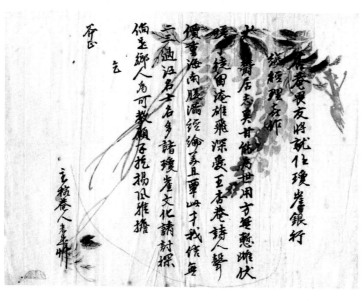

黃華吐豔九秋天 韶華星輝映壽筵緒
繡三槐繩祖武 名揚玉桂踵前賢蟻壇
競誦鶯人句 鼠館爭侍譯蕪篇海屋
籌添方七十 風流自在地行仙
香奩詞長老壯大康
　　　　周領亭敬祝

一生令譽著蓬瀛 杜牧揚州未了情
白髮美君芳益壯 紅粧愧我少逢迎
經綸才調齊欽仰 詩酒文壇任縱橫
華誕適逢佳節後 階前蘭桂正敷榮
　　　祝杏庵詞兄古稀晉六華誕
　　　　（貴陽楊之日）
　　　　北平朱星稿

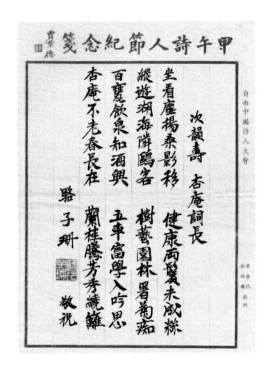

次韻壽　杏庵詞長
坐看崖揚桑影移 健康兩鬢未成絲
縱遊湖海隣鷗客 樹藝園林署萄痴
百甕飲泉和酒興 五車富學入吟思
杏庵不老春長在 蘭桂騰芳秀繞籬
　　　　　　駱子珊　敬祝

五、臺南愛護會、王大宗祠照片

愛護會

【引自臺灣總督府《臺灣社會事業要覽》(1931 年版)、臺南州《臺南州社會事業要覽》(1937 年版)】

臺南愛護會收容者

臺南愛護會全景

臺南愛護會愛護寮

臺南愛護會精神病舍

王大宗祠

【位於臺南市佑民街，市定古蹟。筆者拍攝。其他相關照片亦可參見《台南市市定古蹟「王姓大宗祠」修護調查研究計畫》】

右壁有王開運親筆提詩

【王大宗祠為狹長型建築，以桃紅色線標示被遮住的前、中段範圍。筆者拍攝】

【王大宗祠後棟建築與側門。筆者拍攝】

七、其他

【留存王家祖先紀錄的路竹「一甲觀音亭沿革」碑。筆者拍攝】

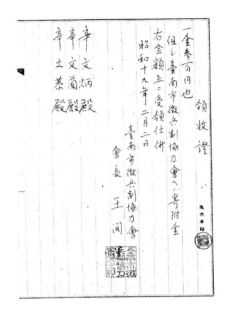
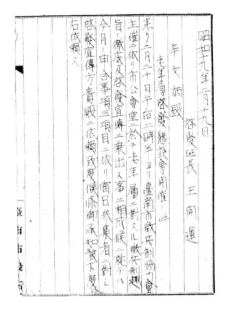

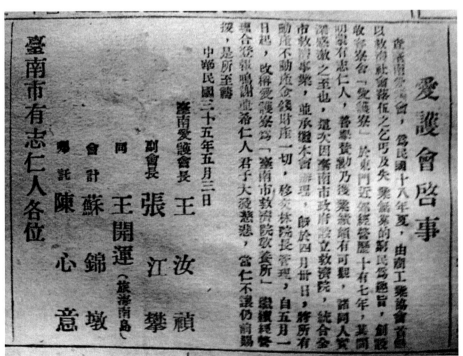

【（上圖）王開運通知辛文炳出席開會，並向辛家勸募，時為 1944 年，臺灣人很難不配合戰爭體制。（下圖）「愛護會啟事」，告知將併入臺南市救濟院。引自謝國興《府城紳士辛文炳和他的志業》；《中華日報》】

【王開運當選臺灣省臨時省議會第一屆議員，陳心意致牌匾祝賀，兩邊的小字分別為「王董事長開運先生膺選省臨時議會議員誌慶」（右）、「南郡運送公司經理陳心意暨全體職員敬賀」（左）。王玉嬰小姐提供】

【1952 年，王開運獲贈獎狀，肯定其於社會事業的努力。王駿嶽先生提供】

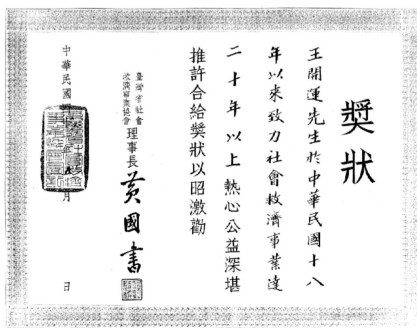

【慶祝臺灣光復第十八年，《自立晚報》推出「台灣光復與我」系列文章，有王開運等人發表談話。以下5張圖為報導全文】

一、

民族性堅強的本省同胞

—— 王開運先生談光復前後的一些舊事

日本在台推行「皇名化」運動，威迫利誘，無所不用其極，但大多數人仍然不願改用日本姓名。

我為我是一個本省人而驕傲。

本省同胞的民族性是極端堅強的，當我們紀念十八屆光復節的時候，首要之務，是將其極堅強的民族性，作為反攻大業而努力。

二、

三、

題機會還像王開運老先生說：可以舉出很多例子中，而且每一個例子中，同我們本省同胞的自知之明才更，天都可以顯示出那麼大陸反攻，我們並，就應該對這種堅強的民族性善加利用，強加以納入正軌利用，談到慶祝光復節，加以消滅共匪，善用政府已經做得很但是還不一定夠，王開運老先生在談到民族性之點時，曾強，具有意義。多調查上最好的誘導，一項最良好的清明的導實，然就這方面而言素一這方面面談太過於表，先指出好人出好事：一，揚指出好人好事，表面人化社會只有選用，好能改良其他，治目會是創造，如果本省老先生就業指出的不予以解決的問題

四、　　　　　五、

個國家還會不臻於富力，才是一
強康樂之境嗎？慶視
光復節，從這方向努
確的方向！

話，是相當嚴重的。社會中的嚴重失業現
政府也應談拿出具體　象！
的辦法來，以圖消弭
王開運老先生說：
只要政治清明，只有
人人都有職業，這個
社會還會不平安，這個

【《自立晚報》（1968.05.11）所刊登的《臺灣詩壇》徵詩消息，以響應中華文化復興運動暨紀念戊申詩人節。名單中可見王開運為發起人之一，這已是其相當晚年之時】

【《自立晚報》刊登王開運逝世消息，此4張圖為報導全文】

一、

二、

三、

四、

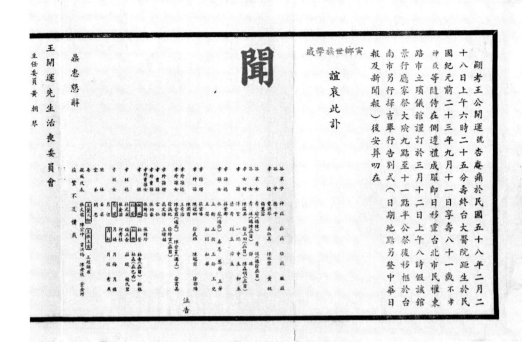

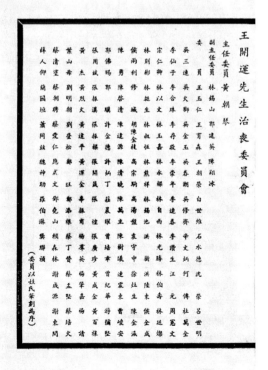

【訃聞內的治喪委員，不乏戰前戰後的重要人士，可知王開運生前交遊廣闊，在社會上具有一席之地。王駿嶽先生提供】

【（上圖）王開運告別式。（下圖）王開運墓園，墓前兩柱上刻得意詩句「紅日半床蕉鹿夢，黃經一卷杏花庵」。王開運家屬提供】

附錄二：王開運四子駿嶽先生訪談

第一次訪談

　　時間：2008 年 9 月 6 日

　　地點：王駿嶽先生府上

　　成員：王駿嶽夫婦、王和生（駿嶽姪）、王璲生（駿嶽子）、駿嶽女兒、施懿琳老師、陳曉怡老師、林建廷（筆者）

一、關於王開運的年少歲月

王和生：我叔叔（指王駿嶽）有收到你們寄的年表資料，但是我先祖父（指王開運）從清朝時代到去讀國語學校這期間的資料，我們實在保存甚少，只知道他在讀國語學校之前各方面成績平平。但是聽我叔叔說，祖父就讀國語學校之前，他的雙親長輩很早就在字體、詩賦方面要求甚嚴，再加上自己下苦心，所以初在國語學校，成績是吊車尾，但差不多一年後他就名列前茅了，直到畢業。

王駿嶽：在進國語學校之前，他（指王開運）的公學校校長即有推薦他去就讀，但因為要離家北上，所以家人十分不捨，只是鑒於日本人熱心推薦，就去了，當然初始對於新學校各種學問、活動不是很適應，但之後就很好了，以第一名成績畢業。

施老師：沒錯，開運先生也是畢業生代表。來訪之前，我們有去訪問過黃天橫先生，他給我們看他自己的一部作品，裡面有一張照片，是開運先生畢業之時的，我們翻拍在相機中，天橫先生問您府上有沒有這張？若無，我們之後再洗一份寄給你們；另外有一張是開運先生在寧靖王墓前拍的，天橫先生

雖有，但是一時找不到，不知您府上是否也有這一張？

王駿嶽：畢業時拍的那張我這邊是有的。他的同學之中有蔡培火。

王和生：施老師問的照片，類似的我們應該有，不過難以確定是否有特定的那幾張。

二、資料的問題

王駿嶽：之前台南博物館（指台灣文學館）曾經向我要所有的資料，因為少有整理，很零亂，且散落四處，我就從我的兄弟姐妹那邊蒐羅過來，文學館也拿了部份去典藏了。現在留在我這邊的其他資料，同樣是當初為了提供給文學館而蒐集的，也請施老師過目一下，需要記錄的話，也是可以的。

施老師：您之前有製作一份影音光碟，裡面有豐富的照片，這些照片是捐給文學館了，還是仍留在府上？

王駿嶽女兒：大部份正本在文學館處，我們這邊則存有一些。

王駿嶽：不如我們這邊的照片都拿給施老師過目。

王瑧生：基本上我們放在光碟跟貼在 word 文件（指〈簡介王開運生平事蹟〉原稿）上的照片都是挑選過的，也就是上面有註記，或辨識得出來，能夠說出照片的背景或其中故事，才會收的。

三、東游日記刊載未畢的問題

施老師：開運先生曾將到日本的遊記連載在《三六九小報》上，但是沒有刊登完畢，是否有寫成了但未刊載的部份？

王駿嶽：我還特地買了套《三六九小報》給文學館，他們之前每個月都還找我訪談蒐集資料，我這邊還有藍書皮版本的《三六九小報》，但兩個版本也都只有收東遊日記的部份而已。

四、王開運的日治活動

施老師：聽說開運先生本來是路竹人？

王駿嶽：我們的祖先本來世居路竹，我爸爸小時候就讀路竹的公學校。他的漢學素養是由我阿公培養的。我的伯父也有在《三六九小報》發表詩。

昭和四年我爸爸當了愛護會會長，地點就在東門那邊，當時稱愛護寮，他是發起人之一，讓四處流浪的乞丐有個歸所。

施老師：開運先生後來為什麼想棄教從商？

王駿嶽：後來在金融界，首先是臺灣銀行聘請他做放款的工作，再來是陳炘

的大東信託請他當臺南支店店長。接下來又兼從政治，成為官派臺南市協議員，會長是林叔垣，臺南人稱三舍。後來我爸爸當路竹庄長也是官派。

到 43 歲時，他又服務於臺灣運輸組合（南郡公司），似乎是私人的，包含客運事業。

因為我爸爸喜歡喝酒，原本即有許多酒伴，但只是聚會不好玩，於是就在 45 歲時組成「樂天會」這個 club，大家來吟詩賦談，成員都是有社會地位的臺灣人，往來甚密，大部份也都是臺南地方的人士。

他也是木材貿易的股東，日語又通，所以常托他和日本人談生意，也就因為這項貿易，便向日人爭取建設安平港，常到臺南公會堂透過演講來爭取，沒有他臺南港不能建設。

51 歲時他負責薪炭組合，任會長，這也是跟運輸業有關，當時的大宗物資有煤炭、木材，都是用火車運輸的，沒有用汽車貨運的。

五、王開運的海南島活動

施老師：開運先生在海南島任總經理的活動是怎樣的？怎麼會被調去那邊？

王駿嶽：這說來話長了，是由日本當局的大藏省策劃的，到了臺灣地方就由總督府指定，這是皇令，不能反抗，會被關的，所以也就不得已去了。

王璨生：加上他有金融財金背景，以及漢文很好，可以跟中國人相通。

王駿嶽：在海南島瓊崖銀行所做的事，是替日本人將當地的資產物資收集起來。

這裡發生一段插曲，當時在海南島的臺灣人，於戰爭中為非作歹欺負海南人，等戰後就被報復了。光復後我爸爸當了海南島臺灣同鄉會會長，必須設法解決這問題，當時海南島一切軍政實權都由一位姓白的司令在管，所以他就去找白司令幫忙。

到達官府時，我爸爸站在門口守衛處有兩個鐘頭之久，才叫他進去。一進去就見到白司令翹著二郎腿在桌上，要他將據實以告，講完後二話不說，就叫我爸爸回去，接下來一點消息都沒有，等了兩個月才又被叫去官府見司令。

這次司令的態度 180 度大轉變，不翹腳，又請洋煙、泡咖啡，並請上座，我爸爸要求司令支援 8 位士兵給他，每當遇到海南島人追打臺灣人，就請 8 壯士抓起來綁在柱子上，然後由我爸爸出面，鬆綁、請吃東西，並說之以理，強調大家都是中國人，內訌的話司令可是會生氣的，難保不會被拖去槍斃，大家應該和氣，這衝突也就綏平了。

後來有一個姓黃的友人，詢問我爸爸見了司令的感想如何，並告知他說：「你真是撿回一條命了！在你之前，司令已槍殺了 4 名臺灣人，以消海南島人的怨氣；而且是特定有 5 個人要殺，你名列第一，司令卻讓你倖免，只殺其他 4 人。」

原來我爸爸第一次見司令之後，改變了司令的成見，不覺得是惡霸的人，並調查了他的所有資料，還包含他的詩文，驚異一個在日本管治下的臺灣人詩文竟能寫得那麼好，中國人還未必有那麼好。感動之餘，才會有第二次接見，且又配合我爸爸的提議派兵支援。但是後來這位白司令竟投靠共產黨。

要派送海南島的臺灣人回家也不容易，沒錢沒船，便派兩名臺灣人搭漁船回臺，四處勸募，聯絡旅瓊臺人的在臺親友，才有辦法回臺，而且他自願最後一個回臺，是從廣東、福建繞道回來的。

王瑽生：記得我小時候還住在老家，過年過節便會有當年旅瓊的臺灣人來送禮，到了我阿公過世路葬行列中，也有不少旅瓊臺灣人。

六、王開運受二二八事件的問題

施老師：戰後開運先生如何地受到二二八牽連？

王駿嶽：家父被抓時我有親眼看到。那時家父創立玉豐行，從上海進口布料，店面就在臺南土地銀行對面，是很熱鬧的地方。二二八發生時，他想說跟自己沒關係，於是照常作息。一日到玉豐行，我也在店內幫忙，約莫下午一點多，七、八位士兵開卡車來，下車闖入直問：「王開運在不在？」家父應聲出面，立即被槍枝抵住，準備押上車，卡車很高，他簡直是被拖拉上去的。我們當場愣住，不知將被帶去哪裡，也不知原因為何。

當手足無措之時，我們去找臺南鹽務局局長帥雲風出面。二二八時，不少外省人被臺灣人追打，家父就讓帥雲風全家藏匿在我們家。是以帥雲風立即幫我們打聽，知道家父是被抓到臺南體育場，二二八事件被抓的臺灣人都集中在那裡，另外帥風雲也跟軍部關係很好，兩週左右遂得以保釋。

被抓的臺灣人都要寫自白書，以說明自己與事件之關係，家父自然也不例外。

軍隊的人看了家父的文章詩句也很驚訝，竟寫得那樣好，又得帥雲風出面，最後由軍隊送回店裡了。家父到家的前一晚，我在公園還看到兩名臺灣人被槍殺。

被抓的原因不一定是具體的，家父是地方仕紳、菁英，又是臺灣同鄉會

長，光這點就可以被逮捕了。不過被釋放後，他沒有特別對中華民國政府反感，像他與帥雲風的交情就是明證。

七、王開運任省議員的始末

施老師：開運先生參選臨時省議員的始末如何？

王駿嶽：他當省議員是因為黃朝琴。家父在臺銀服務時，黃朝琴都來臺灣銀行借錢做生意，而家父正是負責此放款業務，兩人就此認識。後來黃氏到日本早稻田大學留學，認識了一位日本大使的女兒，兩人前往大陸，黃朝琴的政治生涯就從那裡開始，曾當過國民政府的駐美、駐日人員。

黃朝琴回到臺灣後，國民政府要他出任省議會議長，黃氏也就請我爸爸出來競選省議員，這是第一屆臨時省議會，屬間接選舉，由各地方縣市的參議員投票選出，家父即是代表臺南地區的省議員候選人。

那時的臨時省議會是在臺北，就在今天的南海路建中附近、科學館斜對面，但是家父主要活動地點仍在臺南，會期之時就會北上，只有在臺北開封街購置一居所方便休憩。

家父只當了一任議員就不選了，因為後來便改成直接民選，先前需要國民黨黨內初選，此時就需要錢買票了，所以家父就不屑參與了，若要硬出頭，形同脫黨，反而像郭雨新是黨外，較沒「買票」壓力。他後來還告誡我們別碰政治。

後來我們搬到臺北。當黃朝琴去第一銀行當董事長，也請我爸爸去幫忙；黃氏籌備國賓飯店時，也是委任他處理，包括人事、行政。

八、王開運戰後的經濟活動

王和生：民國 30 年代，政府實施耕者有其田，散發臺泥、臺紙、臺灣工礦、臺灣農林四大公司的股票給地主，我阿公就成立臺灣通運倉儲股份有限公司，並找這些地主當股東，自任第一任董事長，專門負責運輸上述這些公司的物品，其中臺泥佔主要股份，所以現在通運公司是臺泥的子公司。

九、王開運戰後的文學活動

施老師：開運先生戰後曾任《臺灣詩壇》副社長，他的吟唱活動如何？

王駿嶽：于右任、賈景德等人每週都來我們家吟詩、談天、揮毫，我就負責磨墨，作品應該不少，只是我們後生晚輩比較不懂得保存。《杏庵詩集》是由一位高本瑢先生整理排列的，他以前是老師，算是一位文人，對詩詞歌賦有

研究，現在在臺北民生東路做珠寶生意。

第二次訪談

　　時間：2008 年 10 月 19 日
　　地點：王駿嶽先生府上
　　成員：王駿嶽夫婦、王璱生、林建廷

一、王家在路竹的時候擁有過什麼樣的事業，例如是從商？還是當地主收租？或是其他工作？

王駿嶽：有從事耕種，但土地貧瘠，也有種蘆筍。

二、王開運的父親王棟，考中明經進士之後，是否被官府任用？遇到日本人統治臺灣的時候，是什麼樣的反應？反抗還是接受？

王駿嶽：他考中不久，日本人就來了，所以應該沒有當官。日本人來，他也沒有組織抗日，因為知道敵不過日本，也覺得日本人不是太惡霸。

三、王棟有幾個兒女？也就是說，王開運有幾個兄弟姐妹？

王駿嶽：共有 4 子。長子開宗，很早就當進士，可是愛吃鴉片；他的老大讀臺南二中，後來到日本第三高等學校，大學也在東京讀，讀物理；老二是日本醫學生；另有 6 個女兒。

　　次子是開泰，愛玩，也優秀；他的有 3 個兒子，老大是東大碩士，後來日人派去上海當銀行總裁；老二讀東京醫學院；到了老三讀書時，就較沒錢了，讀臺南二中，後來到巴西當生意人。

　　三子開運比哥哥認真，我阿公有考慮讓他參加科舉，所以管教很嚴，教他練筆作詩；後來日本人來了，就不得已要放棄。可是他很用功，公學校的老師還推薦他去臺北讀書。

　　四子是從親戚那邊認來的。

四、王開運為什麼不想在公學校教書，而要到臺南發展？

王駿嶽：我阿公認為做生意可以出頭天，可以發揚光大，而且路竹較鄉下；後來，他在孔廟附近買一塊約兩千坪的地，才從路竹搬來。

　　家父在臺銀臺南分店做事，負責貸款，所以認識了黃朝琴。黃朝琴是鹽水那邊的富豪，覺得自己學問不足，所以到早稻田留學，然後又到中國，是重慶派。

　　家父很受店長看重，但很難發展，所以才到大東信託當副支店長，又當店長，後來因為他當市協議員，才離開大東。

　　後來，我爸爸又當南郡運送公司社長、永森記木材顧問、愛護會副會長，以及貿易會長。

附錄三：王開運作品補遺目錄

署名	題名	年代	類型	出處
王開運	山羊が雌雄共に鬚を持つてゐる理由	1908	民間傳說	《臺灣總督府國語學校校友會雜誌》第 23 號，頁 53-55
王開運	遊圓山公園〔註1〕	1909	記遊詩	《臺灣總督府國語學校校友會雜誌》第 25 號，頁 154
走卒	寄同硯友蘇某	1915	贈答詩	《臺灣愛國婦人》雜誌第 77 號，1915 年 3 月 25 日
走卒	眼兒媚 茗與客會飲于西薈芳旗亭桂寶校書索詩以此贈之	1922	綺豔詞	《臺南新報》，1922 年 9 月 14 日，5 版
走卒	十五夜攜妓泛舟	1922	綺豔詩	《臺南新報》，1922 年 10 月 15 日，5 版
走卒	和閑人往羅山車中所見原韻	1922	綺豔詩	《臺南新報》，1922 年 10 月 20 日，5 版
走卒	閨怨	1922	綺豔詩	《臺南新報》，1922 年 10 月 20 日，5 版
笑岩生	觀劇小評	1930	雜文	《臺南新報》夕刊，1930 年 5 月 15 日，4 版
王開運	餘墨〔註2〕	1930	書信	《臺南新報》，1930 年 5 月 29 日，6 版

〔註 1〕詩前有序。《王開運全集》亦收錄此詩，文句略異，且無序文。
〔註 2〕此屬王開運寄給書信臥蕉（王鵬程）的書信，臥蕉刊登於報上。

署名	題名	年代	類型	出處
花仙	待擬題〔註3〕	1931	綺豔詩	花頭陀〈花叢小記〉,《三六九小報》第 135 號,1931 年 12 月 9 日
小丑	靜室小言	1934	雜文	《三六九小報》第 318 號,1934 年 2 月 28 日
小丑	靜室小言	1934	雜文	《三六九小報》第 321 號,1934 年 3 月 9 日
小丑	靜室小言	1934	雜文	《三六九小報》第 323 號,1934 年 3 月 16 日
小丑	靜室小言	1934	雜文	《三六九小報》第 324 號,1934 年 3 月 19 日
小丑	靜室小言	1934	雜文	《三六九小報》第 325 號,1934 年 3 月 23 日
小丑	靜室小言	1934	雜文	《三六九小報》第 329 號,1934 年 4 月 6 日
小丑	靜室小言	1934	雜文	《三六九小報》第 330 號,1934 年 4 月 9 日
小丑	靜室小言	1934	雜文	《三六九小報》第 337 號,1934 年 5 月 3 日
小丑	靜室小言	1934	雜文	《三六九小報》第 340 號,1934 年 5 月 13 日
少丑	靜室小言	1934	雜文	《三六九小報》第 363 號,1934 年 7 月 29 日
少丑	靜室小言	1934	雜文	《三六九小報》第 364 號,1934 年 8 月 3 日
少丑	靜室小言	1934	雜文	《三六九小報》第 365 號,1934 年 8 月 6 日
少丑	靜室小言	1934	雜文	《三六九小報》第 366 號,1934 年 8 月 9 日
少丑	靜室小言	1934	雜文	《三六九小報》第 367 號,1934 年 8 月 13 日
小丑	靜室小言	1934	雜文	《三六九小報》第 373 號,1934 年 9 月 3 日

〔註 3〕此詩爲和韻詩作,唱詩爲王亞南,王開運和之,皆登於同報同號,且無詩題,故稱「待擬題」。

署名	題名	年代	類型	出處
小丑	靜室小言	1934	雜文	《三六九小報》第 376 號，1934年 9 月 13 日
小丑	靜室小言	1934	雜文	《三六九小報》第 380 號，1934年 9 月 26 日
小丑	靜室小言	1934	雜文	《三六九小報》第 386 號，1934年 10 月 16 日
小丑	靜室又麻雀序	1934	雜文	《三六九小報》第 330 號，1934年 4 月 9 日
杏狂	醉廬漫筆	1934	雜文	《三六九小報》第 403 號，1934年 12 月 13 日
杏狂	醉廬漫筆	1934	雜文	《三六九小報》第 404 號，1934年 12 月 16 日
杏狂	醉廬漫筆	1934	雜文	《三六九小報》第 406 號，1934年 12 月 23 日
杏狂	醉廬漫筆	1935	雜文	《三六九小報》第 409 號，1935年 1 月 3 日
杏庵	南山生壙徵詩	1935	啓事	《三六九小報》第 443 號，1935年 5 月 6 日
花仙	待擬題	1935	綺豔詩	《三六九小報》第 470 號，「花叢小記」，1935 年 8 月 6 日
臺南裔孫開運	待擬題	1935	贈答詩	此詩無詩題，刻於臺南市「王姓大宗祠」門口。《台南市市定古蹟「王姓大宗祠」修護調查研究計畫》亦有收錄
岡山老杏	用麗雲韻以贈	1938	綺豔詩	《臺灣日報》夕刊，1938 年 5月 31 日，4 版
王開運	常時宣傳部の設置を要望	1938	雜文	《保護詞藻》第一輯（：臺北州聯合保護會，1938），頁 39
王開運	防犯課を獨立新設せよ	1938	雜文	《保護詞藻》第一輯（：臺北州聯合保護會，1938），頁 125
王開運	待擬題	1939	贈答詩	此詩來自賀卡，開頭言「謹賀新年」，詩末署「己卯元旦」。收於《杏庵詩集》底稿，然未抄錄刊行
杏庵	瘦菊舅父以詩見示謹次其原韻	1939	贈答詩	二詩來自剪報，收於《杏庵詩集》底稿，然未抄錄刊行

署名	題名	年代	類型	出處
臺南杏庵	九日率演藝團一行將赴粵慰軍為風雨所阻無聊中戲成兩絕視寺島團長暨諸同人	1939	贈答詩	
杏庵	船中贈安達中尉	1940	贈答詩	《臺灣新民報》，1940 年 1 月 28 日，8 版
臺南杏庵	三男維嶽完婚賦示一律	1943	感懷詩	《興南新聞》「興南詩苑」欄，1943 年 10 月 9 日
王開運	和南都秋晚北投天狗庵佳作韻	1943	贈答詩	《興南新聞》「興南詩苑」欄，1943 年 11 月 8 日
王開運	北投天狗庵再和南都韻	1943	贈答詩	《興南新聞》「興南詩苑」欄，1943 年 11 月 12 日
臺南王開運	題許丙丁先生小封神巨著	1951	贈答詩	《臺灣詩壇》第 1 卷第 6 期（1951 年 11 月），頁 14
王開運	打油詩	1951	感懷詩	〈議壇拾穗〉，《聯合報》，1951 年 12 月 14 日，3 版
王開運	打油詩	1951	感懷詩	〈女生應學家政・好作主婦 農民要娶新娘・須平物價〉，《聯合報》，1951 年 12 月 18 日，3 版
王開運	待擬題	1951	感懷詩	〈女生應學家政・好作主婦 農民要娶新娘・須平物價〉，《聯合報》，1951 年 12 月 18 日，3 版
杏庵	丙申夏台灣詩壇五周年紀念	1956	贈答詩	《臺灣詩壇》第 10 卷第 6 期（1956 年 6 月），頁 7
王杏庵	己亥七一生日	1959	感懷詩	《臺灣詩壇》第 16 卷第 5 期（1959 年 11 月），頁 2
王杏庵	臺灣新竹枝	1959	敘事詩	《臺灣詩壇》第 16 卷第 5 期（1959 年 11 月），頁 7
王開運	賦呈達雲主席	1966	贈答詩	《自立晚報》「自立詩壇」欄，1966 年 5 月 7 日
杏盦王開運	待擬題		贈答詩	此詩無詩題，為書畫作品，贈予木村貞二。收於《杏庵詩集》

附錄四：他人致贈王開運之作品目錄

【說明】本附錄收錄筆者所見的「他人致贈王開運之作品」，呈顯王氏和友人酬唱情況，以發表時間先後為序，時間不詳者嘗試推斷年代，其餘歸在後頭。

作者	題名	出處
李敏恭	賀王陳四君畢業	《臺灣教育會雜誌》第98號，「文藝」，1910年5月25日
曹賜瑩	勸王君開運檢定教諭	《臺灣教育會雜誌》第113號，「文藝」，1911年8月31日
曹賜瑩	寄懷鳳山開運芸兄	《漢文臺灣日日新報》，1911年6月6日，1版
蕉麓	次韻開運振樑二君	《臺南新報》「詩壇」，1926年8月31日，6版
仁閣	次韻開運振樑二君	《臺南新報》「詩壇」，1926年8月31日，6版
兆平	次韻開運振樑二君	《臺南新報》「詩壇」，1926年8月31日，6版
旭齋	次韻開運振樑二君	《臺南新報》「詩壇」，1926年8月31日，6版
振耀	次韻開運振樑二君	《臺南新報》「詩壇」，1926年8月31日，6版
王亞南	次開運宗兄韻	《臺南新報》「詩壇」，1930年2月20日
王亞南	游法華寺賦似開運宗臺韻	王亞南《游臺吟稿》，頁23
王亞南	醉蓬萊簡開運宗台	王亞南《游臺吟稿》，頁27

作者	題名	出處
王亞南	原韻留別開運宗台	王亞南《游臺吟稿》，頁 47
王亞南	台南諸君送別會即席留別	王亞南《游臺吟稿》，頁 49
王亞南	桃園憶故人歸舟寄台南乃武開運等諸先生	王亞南《游臺吟稿》，頁 52
栢園	賀王開運氏任路竹主長	《三六九小報》第 56 號，「詩壇」，1931年 3 月 16 日
醉餘生	花仙傳仿〈五柳先生傳〉	《三六九小報》第 98 號，1931 年 8 月 6 日
佳里 一洞天主	步花道人次樂覺偶作韻	《三六九小報》第 100 號，1931 年 8 月 13 日
佳里 二洞天主	讀花道人次樂覺偶作韻亦和一首	《三六九小報》第 102 號，1931 年 8 月 19 日
鳳山 八仙嫖客	讀花道人次樂覺偶作韻亦和一首	《三六九小報》第 105 號，1931 年 8 月 29 日
許伯元	感懷三首寄杏庵少雲	《三六九小報》第 238 號，「題襟雅興」，1932 年 11 月 26 日
篁川 張達修	攝津喜晤開運王大錦燉江攀諸君賦呈並似三六九報君子	《三六九小報》第 307 號，「詩壇」，1933年 7 月 16 日
林鬧長	奉懷王開運先生則乞教正	《三六九小報》「詩壇」，1934 年 11 月 9 日
黃拱五	新年書感次杏庵韻	《孔教報》第二卷第五號，「古今詩海」，1938 年 6 月 10 日
陳逢源	阿治粧樓聽曲和杏庵韵	陳逢源《溪山煙雨樓詩存》，頁 23
陳逢源	同杏庵飲月英粧樓	陳逢源《溪山煙雨樓詩存》，頁 24
陳逢源	寄懷王杏庵	陳逢源《溪山煙雨樓詩存》，頁 44
黃拱五	杏庵甥爲南支派遣軍慰問使之一人將赴粵時因來告行賦此送之	黃拱五《拾零集》
黃拱五	杏庵赴粵延期又依前韻再賦一律	黃拱五《拾零集》
黃拱五	杏庵本擬春間赴粵慰軍嗣而延期遂經夏而秋今將就道乃賦一律以壯其行	黃拱五《拾零集》
兆平	元旦試筆即用杏庵原韻	《臺灣新民報》，1940 年 1 月 28 日，8版

作者	題名	出處
臺南劍泉	和杏菴兄庚辰元旦試筆瑤韻	《臺灣新民報》，1940 年 2 月 23 日，8 版
寓神戶 王鵬程	和杏菴庚辰元旦書懷韻	《臺灣新民報》，1940 年 3 月 12 日，8 版。又載《詩報》219 期（1940 年 3 月），頁 2
路竹栢園	敬和開運老夫子	《臺灣新民報》，1940 年 4 月 26 日，8 版
黃拱五	杏庵歸自大陸出其途次誕日感作四絕因次其韻	《臺灣新民報》「心聲」，1940 年 11 月 20 日
楓湜居士	次杏菴辛巳元日書懷韻	《臺灣新民報》「心聲」，1941 年 1 月 31 日，4 版
王鵬程	盛岡客次遙寄開運	《興南新聞》「心聲」，1941 年 5 月 5 日
瘦菊	次杏庵病齒韻	《興南新聞》「興南詩苑」，1941 年 12 月 31 日
南都	贈秋霞兼示杏庵	《興南新聞》「興南詩苑」，1941 年 3 月 8 日
南都	酬杏庵席上見贈大作	《興南新聞》「興南詩苑」，1941 年 12 月 14 日
夢周	南都招宴江山樓喜杏庵即席有詩	《興南新聞》「興南詩苑」，1941 年 12 月 14 日
南都	杏庵日前寄詩詠此答之	《興南新聞》「興南詩苑」，1942 年 8 月 21 日
可軒	次韻酬杏庵兄	《興南新聞》「興南詩苑」，1942 年 9 月 3 日
鵬程	次開運宗兄五十有四壽辰述懷韻	《興南新聞》「興南詩苑」，1942 年 10 月 31 日。又載《詩報》285 期（1942 年 12 月），頁 5
瘦菊	重陽節後二日杏菴初度宴客賦詩即席次韻	《興南新聞》「興南詩苑」，1942 年 10 月 31 日
鵬程	鵬程賜昭和詩文集却寄道謝（次韻却寄）	《詩報》303 期（1943 年 9 月），頁 2
陳永和	敬次杏庵	《詩報》303 期（1943 年 9 月），頁 2
陳永和	呈溪秋、鵬程即次杏庵原玉	《詩報》303 期（1943 年 9 月），頁 2
鵬程	答永和再用杏庵韻	《詩報》303 期（1943 年 9 月），頁 2

作者	題名	出處
黃拱五	崧嶽甥孫完婚讀杏庵有作次韻以祝並示崧孫	黃拱五《拾零集》
黃拱五	維嶽甥孫新婚以誌喜	《興南新聞》「興南詩苑」，1943 年 10 月 9 日。又載盧嘉興〈臺灣日據末期著刊「拾零集」的黃拱五〉，《台灣古典文學作家論集》，頁 736
瘦菊	杏菴生日宴客賦詩次其原韻	《興南新聞》「興南詩苑」，1943 年 10 月 15 日
王則修	送開運宗先生之海南任臺銀頭取	王則修《則修先生詩文集續編》
王則修	杏菴宗先生將之海南任瓊崖銀行頭取於送別席上作出留別三首謹次原玉以壯行色	王則修《則修先生詩文集續編》
王則修	跨海	王則修《則修先生詩文集續編》
王則修	疊韻奉和杏菴宗先生	王則修《則修先生詩文集續編》
黃拱五	杏庵應海南島瓊崖銀行之聘就總經理席不日將駕飛機發程在南諸友為開擊缽吟會藉作送行席上出示留別詩三章因次原韻壯其行色	盧嘉興〈臺灣日據末期著刊「拾零集」的黃拱五〉，《台灣古典文學作家論集》，頁 740
施梅樵	杏菴將之海南就任留別次韻送之	施梅樵《梅樵詩集》「鹿江集」，頁 79
黃拱五	跨海	盧嘉興〈臺灣日據末期著刊「拾零集」的黃拱五〉，《台灣古典文學作家論集》，頁 740
子敏	次杏菴詞兄留別原韻	此詩為王開運收藏詩稿，參見附錄一
陳子敏	杏菴詞兄將赴海南島為瓊崖銀行頭取賦詩壯行	此詩收於施懿琳、陳曉怡編《王開運全集・文獻資料卷》，頁 116
主榕菴人	杏菴畏友將就任瓊崖銀行總經理喜作	此詩為王開運收藏詩稿，參見附錄一
黃拱五	喜杏庵書至率成一律以代覆答	盧嘉興〈臺灣日據末期著刊「拾零集」的黃拱五〉，《台灣古典文學作家論集》，頁 741
黃拱五	杏庵宴黃朝琴與蘇鴻飛二君於招仙閣即席次杏庵鴻飛聯吟原韻	盧嘉興〈臺灣日據末期著刊「拾零集」的黃拱五〉，《台灣古典文學作家論集》，頁 728

作者	題名	出處
施梅樵	杏菴招飲於招仙閣賦質拱五杏菴	施梅樵《鹿江集》，頁 77
王鵬程	己丑重九節後二天爲開運宗兄六十晉一壽賦祝	施懿琳、陳曉怡編《王開運全集‧文獻資料卷》，頁 117
陳定國	敬祝王開運先生當選	《臺灣詩壇》第 2 卷第 1 期（1952.01），頁 19
顏興	贈王開運先生榮膺省議員	顏興《鳴雨廬詩稿》
王鵬程	癸巳中秋日柬開運宗兄	《臺灣詩壇》第 5 卷第 6 期（1953 年 12 月），頁 16
王鵬程	柬開運宗兄	《臺灣詩壇》第 6 卷第 2 期（1954 年 2 月），頁 12
德和	耕者有其田討論和開運老瑤韻三句半	張李德和《琳瑯山閣唱和集》（臺北：詩文之友，1968）
曾今可	王開運先生招飲張魯老賈煜老梁寒操黃朝琴林叔桓陳逢源劉慕曾陳皆興黃景南諸先生皆在坐並有名花四人勸酒皆擅平劇逢源先生有詩即次其韻	《臺灣詩壇》第 9 卷第 3 期（1955 年 9 月），頁 9
陳皆興	杏庵詞長邀宴贈白雪女士用芳園詞長韻	《臺灣詩壇》第 9 卷第 3 期（1955 年 9 月），頁 9
黃景南	杏庵詞長招飲南都社督賦詩命和即次原韻并呈同座諸老	《臺灣詩壇》第 9 卷第 3 期（1955 年 9 月），頁 9
王鵬程	杏庵主人六七壽辰同人於重九節日設讌礪園爲祝	《臺灣詩壇》第 9 卷第 5 期（1955 年 11 月），頁 13
林熊祥	喜杏菴出共主詩壇卻寄並示南都	《臺灣詩壇》第 10 卷第 1 期（1956.01），頁 7
吳夢周	次韻杏庵春夜小集	吳夢周《枕肱室詩草》（臺北：出版者不詳，1998），頁 123
張昭芹	杏庵讌席有詩次韻奉酬	吳夢周《枕肱室詩草》（臺北：出版者不詳，1998），頁 124
南安 雷一鳴	杏庵詞兄六秩晉七華誕紀念	施懿琳、陳曉怡編《王開運全集‧文獻資料卷》，頁 118
趙劍泉	壽杏菴老兄六八誕辰即次自壽原韻	《臺灣詩壇》第 11 卷第 5 期（1956.11），頁 26
俞龍光	杏庵先生六八生日	《臺灣詩壇》第 11 卷第 5 期（1956.11），頁 26

作者	題名	出處
林子香	壽杏庵夫子六八華誕	《臺灣詩壇》第 11 卷第 5 期（1956.11），頁 26
王鵬程	杏庵六八生日敬次原韻	《臺灣詩壇》第 11 卷第 6 期（1956.12），頁 38
吳子宏	杏庵先生六八生日詩次韻奉呈	《臺灣詩壇》第 11 卷第 6 期（1956.12），頁 38
陳皆興	杏庵詞長六八華誕謹步瑤韻以祝	《臺灣詩壇》第 11 卷第 6 期（1956.12），頁 38
駱子珊	次韻壽杏庵詞長	此詩爲王開運收藏詩稿，參見附錄一
郭敏行	呈王杏菴	《大華晚報》「瀛海同聲」，1958 年 5 月 28 日
賈景德	壽王杏庵開運先生七十	《自立晚報》「海濱詩輯」，1958 年 12 月 2 日
張相	壽王杏庵先生七十	《自立晚報》「海濱詩輯」，1958 年 12 月 6 日
馬紹文	壽王杏庵七十	《自立晚報》「海濱詩輯」，1958 年 12 月 21 日
張昭芹	壽王杏庵七十	《自立晚報》「海濱詩輯」，1958 年 12 月 24 日
李鴻緒	壽王副社長杏庵先生七十	《自立晚報》「海濱詩輯」，1958 年 12 月 27 日
駱子珊	杏庵先生七秩榮慶	《自立晚報》「海濱詩輯」，1958 年 12 月 27 日
周鈞亭	杏菴詞長七秩大慶	此詩爲王開運收藏詩稿，參見附錄一
卓補林	壽王開運先生七十	《民族晚報》「南雅」，1964 年 11 月 29 日
兆平	祝杏庵詞兄古稀晉六華誕	此詩爲王開運收藏詩稿，參見附錄一
蔡朝聘	暮秋感作	《自立晚報》「自立詩壇」，1966 年 12 月 13 日
蔡朝聘	聞杏庵小疾賦此卻寄	《自立晚報》「自立詩壇」，1966 年 12 月 13 日
蔡朝聘	杏庵除夕有詩次韻	《自立晚報》「自立詩壇」，1966 年 3 月 27 日
蔡朝聘	丁未春夜杏庵小集呈主人兼似景南	《自立晚報》「自立詩壇」，1967 年 4 月 9 日

作者	題名	出處
梁寒操	次韻奉酬杏庵夜集	《自立晚報》「自立詩壇」，1967 年 7 月 4 日
陳逢源	己酉初春接嘯鯤訃音繼而杏庵長逝感傷賦此	陳逢源《溪山煙雨樓詩存》（臺北：龍文出版社，1992），頁 117
陳皆興	杏庵詞長輓詩	《自立晚報》「自立詩壇」，1969 年 3 月 15 日
高文淵	輓杏庵社長	《自立晚報》「自立詩壇」，1969 年 3 月 15 日
蔡朝聘	輓杏庵先生	《自立晚報》「自立詩壇」，1969 年 4 月 15 日
許丙丁	省開運兄墓	《自立晚報》「自立詩壇」，1969 年 5 月 20 日
蔡朝聘	杏庵先生墓園落成之日與親友同往參拜	《自立晚報》「自立詩壇」，1969 年 9 月 19 日

附錄五：王開運藏書單

一、國立台灣文學館典藏之部

書名	作（編）者	出版資料	備註
趙甌北詩話	趙雲崧著	上海：埽葉山房，1908	
詳註聊齋志異圖詠	蒲松齡原著	上海：章福記書局，1914	
詩詞趣話		上海：會文堂書局，1919	
正續板橋雜記	余懷、珠泉居士著	上海：埽葉山房，1921	
煙霞萬古樓詩集	王曇著	上海：埽葉山房，1924	
香祖筆記	王漁洋著	上海：埽葉山房，1924	
遣愁集（六）、（七）	張貴勝著	上海：商務印書館，1924	
瓊州雜事詩	程秉釗著	海口：海南書局，1925	
精校圈點獨斷	蔡邕著	上海：埽葉山房，1926	
游臺吟稿附蓬萊飲湝集	王亞南編著	約 1928 年編成	
金壺七墨全集	黃鈞宰著	1929	
兩般秋雨盦隨筆	梁晉竹著	上海：埽葉山房，1929	

無悶草堂詩存	林朝崧著	1932	
臺灣官紳年鑑	林進發編	臺北：民眾公論社，1934	
嶺南即事破涕文章	周郁浩編	大達圖書供應社，1935	
瀛海詩集	黃洪炎編	臺北：臺灣詩人名鑑刊行會，1940	
拾零集文詩合編	黃拱五著	1942	
亂世吟草	曾今可著	臺灣詩壇，1948	
臺灣紀錄兩種（上）、（下）	胡傳 著	1951	黃純青署贈王開運
風煙集（上）、（下）	黎在符著	1951	封面內頁黎在符署贈王開運
芝儂吟草	程薇著	1957	
臺南市志稿　政事志政事總述篇	黃典權纂	臺南：臺南市文獻委員會，1958	
臺南市志稿　政事志行政篇	黃典權纂	臺南：臺南市文獻委員會，1958	
臺南市志稿　住民志宗教篇	黃典權纂	臺南：臺南市文獻委員會，1958	
薪夢草堂詩集	張昭芹著	1963	
江陰王亞南先生詩畫集	張振樑編	1978	內頁張振樑署贈王駿嶽，並夾附「敬啓」一張
測字密訣梅花易數	邵雍著	上海：錦章書局	封底內頁有「王晨嶽」署名，應指王開運長子神嶽
燕山外史註釋	陳球撰		
飲冰室全集	梁啓超著		

二、王玉嬰女士收藏之部

書名	作（編）者	出版資料	備註
詩經精華	王爾聰氏訂	道光乙酉夏新鑴，光霽堂藏版，1905	線裝書，然以新聞紙重修做封面、封底
宮閨百詠	陳其泰編	上海：埽葉山房，精校重印版，1913	線裝書
史記精華		上海：中華書局，1914	所購者為 1921 年版本
香奩詩話	金燕輯	上海：廣益書局，1915	線裝書，所購者為 1921 年版本
戰國策精華		上海：中華書局，1915	
書經	劉法曾精校	上海：中華書局，1915	線裝書
清人說薈（初集二十種）	雷瑨輯	上海：埽葉山房，1917	線裝書
秘本宋人小說類編		上海：廣益書局，1920	線裝書，所購版本裡有秋紅晚翠軒餘叟書（序）
文言對照初學新法論說	王仰嵩、嚴謹合編，許慕義評祝	上海：廣益書局，1921	
雞肋篇	莊季裕撰	上海：商務印書館，涵芬館藏版，1920	所購得為 1926 年版本
儒門法語	彭定求輯	上海：埽葉山房，1921	線裝書
大字春秋左傳句解		上海：大成書局，1924	線裝書
新訂韓非子全書		金澤：池善書店，1925	觀文堂叢書第 4 編線裝書，所購者為 1925 年版本
玉臺新詠箋註	徐陵編	上海：埽葉山房，1926	線裝書
香籢集發微	震鈞著	上海：埽葉山房，1926	線裝書，附韓承旨年譜

顧亭林集	許嘯天整理，胡冀雲校閱	上海：群學社，1926	所購者爲 1928 年版本
莊子精華		上海：中華書局，1927	
儒林外史	吳敬梓著	上海：受古書店，1927	線裝書
孟子示蒙、帝範、臣軌、朱子家訓	中村惕齋、市川鶴鳴等講述	東京：早稻田大學出版部，1927	漢籍國字解全書第二卷
尚書紀聞	大田錦成講，伊藤祐義筆記	東京：早稻田大學出版部，1927	漢籍國字解全書第六卷
詩今選	蔣善國編	上海：中華書局，1928	線裝書
現代文藝評論集	范祥善編	上海：世界書局，1930	
性格學（增訂版）	高良武久著	東京：三省堂，1931。	所購者爲 1941 年版本
新式標點古書疑義舉例	俞樾撰，張蟲天標點	上海：大東書局，1932	線裝書
古籍舉要	錢基博著	上海：世界書局，1933	
墨子	武者小路實篤著	東京：大東出版社，1935	漢籍を語る叢書之八 所購者爲 1939 年國策版
世界文化地史大系 1	エリゼ・ルクリュ著，石川三四郎譯	東京：有光社，1943	
全譯萬葉集一（卷第一至卷第三）	武田祐吉著	東京：創元社，1943	
壽峰詩社詩集		1952	
台灣詩海	賴子清編	1954	線裝書，封底記載分銷處之一爲「蘭記書局」
宋本胡刻文選	蕭統編	上海：鴻文書局	線裝書，所購者爲嘉慶 14 年胡克家據宋淳熙本重刻版本
正續尚友錄		上海：點石齋	線裝書，所購者爲光緒 14 年版本
讀通鑑論（增附宋論）	王船山著	上海：鴻文書局	線裝書，所購者爲光緒 26 年版本

古事比	方中德輯	上海：點石齋	線裝書，所購者光緒 31 年版本
夢筆生花	繆良蓮仙輯	上海書局	線裝書，所購者爲光緒丁未（33）版本
重編留青新集		上海：廣益書局	線裝書，所購者爲光緒戊申（34）版本
趙甌北詩話	趙雲崧著	上海：埽葉山房	線裝書，所購者爲光緒戊申（34）版
澹軒集	李呂撰	上海：商務印書館	四庫全書珍本初集——集部——別集類 線裝書，本書爲王鵬程所贈
古文析義初編、二編	林雲銘評註	上海：廣益書局	線裝書
改良箋註古唐詩合解新讀本	王堯衢編註	上海：章福記書局	線裝書
繪圖增批左傳句解		上海：章福記書局	線裝書
神相證驗百條		千頃堂書局印行	歷代名人經驗神相彙編 線裝書
閨律（又名：怕老婆妙判，附妒律）	芙蓉外史編		線裝書，所購者爲光緒 22 年丙申正月海上柔情居士石印版本，與《妒律》兩本書或許是一套
妒律	陳元龍		
增像時下名妓尺牘（又名：海上名妓手札）	嬌鈴女史編		線裝書，所購者爲光緒庚子（26）春日上海書局石印版本
敘圃詞	何遂		線裝書，本書爲何遂所贈
改良箋註古唐詩合解新讀本	王堯衢編註		線裝書，所購者爲錦章圖書局藏版

隨園三十六種	袁枚輯		線裝書，所購者爲勤裕堂交、著易堂印版本
事類賦	吳淑撰注，華麟祥校刊		線裝書。所購者爲宋本校刊，文瑞堂藏版
宮閨文選	周壽昌輯訂		線裝書
註解繪圖千家詩			線裝書
廣治平略	蔡方炳定本		線裝書
歷代名臣言行錄	朱桓輯		線裝書
清六家詩鈔	劉執玉選本		線裝書

國譯漢文大成（文學部），東京：國民文庫刊行會。線裝書。	
內容	譯註者
第一帙（四冊），大正 11 年 第 1 冊（楚辭の一）、第 2 冊（楚辭の二）、第 3 冊（楚辭の三）第 4 冊（楚辭の四）	釋清潭譯並註
第二帙（四冊），大正 10 年 第 5 冊（文選上の一）、第 6 冊（文選上の二）、第 7 冊（文選上の三）、第 8 冊（文選上の四、文選上原文）	昭明太子蕭統撰；岡田正之、佐久節譯並註
第三帙（四冊） 第 9 冊（文選中の一）、第 10 冊（文選中の二）、第 11 冊（文選中の三）、第 12 冊（文選中の四、文選中原文）	
第四帙（四冊），大正 11 年 第 13 冊（文選下の一）、第 14 冊（文選下の二）、第 15 冊（文選下の三）、第 16 冊（文選下原文）	
第五帙（四冊），大正 9 年 第 17 冊（唐詩選の一）、第 18 冊（唐詩選の二）、第 19 冊（唐詩選の三）、第 20 冊（唐詩選の四）	李于鱗原選、釋清潭譯並註
第六帙（四冊），大正 10 年 第 21 冊（三體詩の一）、第 22 冊（三體詩の二）、第 23 冊（三體詩の三）、第 24 冊（三體詩の四）	周弼伯弜著、釋清潭譯並註

內容	譯註者
第七帙（四冊），大正 9 年 第 25 冊（唐宋八家文上の一）、第 26 冊（唐宋八家文上の二）、第 27 冊（唐宋八家文上の三）、第 28 冊（唐宋八家文上の四）	沈潛德選、笹川種郎譯並註
第八帙（四冊），大正 9 年 第 29 冊（唐宋八家文下の一）、第 30 冊（唐宋八家文下の二）、第 31 冊（唐宋八家文下の三）、第 32 冊（唐宋八家文下の四）	
第十帙（四冊），大正 10 年 第 37 冊（還魂記の一）、第 38 冊（還魂記の二）、第 39 冊（還魂記の三、漢宮秋）、第 40 冊（還魂記、漢宮秋原文）	宮原民平譯並註
第十三帙（四冊），大正 10 年 第 49 冊（剪燈新話）、第 50 冊（剪燈餘話）、第 51 冊（宣和遺事）、第 52 冊（剪燈新話、餘話、宣和遺事原文）	剪燈新話由瞿佑著、剪燈餘話由李昌祺編撰；三書皆由鹽谷溫譯並注
第十五帙（四冊），大正 10 年 第 57 冊（紅樓夢中の一）、第 58 冊（紅樓夢中の二）、第 59 冊（紅樓夢中の三）、第 60 冊（紅樓夢中原文）	幸田露伴、平岡龍城共譯並註
第十六帙（四冊），大正 11 年 第 61 冊（紅樓夢下の一）、第 62 冊（紅樓夢下の二）、第 63 冊（紅樓夢下の三）、第 64 冊（紅樓夢原文）	
第二十帙（四冊） 第 77 冊（水滸傳下の一）、第 78 冊（水滸傳下の二）、第 79 冊（水滸傳下の三）、第 80 冊（水滸傳原文）	幸田露伴譯並註

國譯漢文大成（經史子部），東京：國民文庫刊行會。線裝書。	
內容	譯註者
第一帙（四冊），大正 11 年 第 1 冊（大學、中庸）、第 2 冊（論語）、第 3 冊（孟子上卷）、第 4 冊（孟子下卷、孝經）	大學、中庸由小牧呂業譯並註；論語由服部宇之吉譯並註；孟子由服部宇之吉譯並註；孝經由山口察常譯並註
第二帙（四冊），大正 11 年 第 5 冊（易經の一）、第 6 冊（易經の二）、第 7 冊（書）、第 8 冊（書原文）	易經由野宇哲人譯並註；書經由服部宇之吉、山口察常譯並註

第三帙（四冊），大正 10 年 第 9 冊（詩經の一）、第 10 冊（詩經の二）、第 11 冊（詩經の三）、第 12 冊（詩經の四）	釋清泉譯並註
第四帙（四冊），大正 10 年 第 13 冊（禮記の一）、第 14 冊（禮記の二）、第 15 冊（禮記の三）、第 16 冊（禮記原文）	安井小太郎譯並註
第五帙（四冊），大正 9 年 第 17 冊（春秋左氏傳上の一）、第 18 冊（春秋左氏傳上の二）、第 19 冊（春秋左氏傳上の三）、第 20 冊（春秋左氏傳上原文）	兒島獻吉郎譯並註
第六帙（四冊），大正 9 年 第 21 冊（春秋左氏傳下の一）、第 22 冊（春秋左氏傳下の二）、第 23 冊（春秋左氏傳下の三）、第 24 冊（春秋左氏傳下原文）	
第七帙（四冊），大正 9 年 第 25 冊（老子、列子）、第 26 冊（莊子の一）、第 27 冊（莊子の二）、第 28 冊（老、列、莊子原文，附三子論纂）	老子、列子由小柳氣司太譯並註；莊子由小柳氣司太譯並註；三子論纂由公田連太郎編並譯
第八帙（四冊）14，大正 9 年 第 31 冊（墨子の一）	小柳司氣太譯並註（第八帙缺了三冊）
第九帙（四冊），大正 10 年 第 33 冊（韓非子の一）、第 34 冊（韓非子の二）、第 35 冊（韓非子の三、商子）、第 36 冊（韓非子、商子原文）	韓非子由宇野哲人譯並註 商子由小柳司氣太譯並註
第十帙（四冊），大正 10 年 第 37 冊（七書の上）、第 38 冊（七書の下）、第 39 冊（鬼谷子、陸賈新語）、第 40 冊（七書、鬼谷子、新語原文）	兒島獻吉郎譯並註
第十一帙（四冊），大正 11 年 第 41 冊（淮南子の一）、第 42 冊（淮南子の二）、第 43 冊（淮南子の三）、第 44 冊（淮南子原文）	後藤朝太郎譯並註
第十二帙（四冊），大正 9 年 第 45 冊（戰國策の一）、第 46 冊（戰國策の二）、第 47 冊（戰國策の三）、第 48 冊（戰國策原文）	野宇哲人譯並註
第十三帙（四冊），大正 11 年 第 49 冊（史記本紀の一）、第 50 冊（史記本紀の二）、第 51 冊（史記表）、第 52 冊（史記本紀、表敘原文）	公田連太郎譯並註
第十四帙（四冊），大正 12 年 第 53 冊（史記書）、第 54 冊（史記世家の一）、第 55 冊（史記世家の二）、第 56 冊（史記書、世家原文）	

第十五帙（四冊），大正 11 年 第 57 冊（史記列傳上の一）、第 58 冊（史記列傳上の二）、第 59 冊（史記列傳上の三）、第 60 冊（史記列傳上原文）	箭內亙譯並註
第十六帙（四冊），大正 11 年 第 61 冊（史記列傳下の一）、第 62 冊（史記列傳下の二）第 63 冊（史記列傳下の三）第 64 冊（史記列傳原文）	
第十七帙（四冊），大正 12 年 第 65 冊（國語の一）、第 66 冊（國語の二）、第 67 冊（國語の三）、第 68 冊（國語原文）	林泰輔譯並註
第十八帙（四冊），大正 13 年 第 69 冊（晏子）、第 70 冊（賈誼新書）、第 71 冊（公孫龍子，附原文）第 72 冊（晏子、賈誼新書原文）	晏子由藤田劍峰譯並註；賈誼新書由山口察常譯並註；公孫龍子由小柳氣司太譯並註
第十九帙（四冊），大正 13 年 第 73 冊（管子の一）、第 74 冊（管子の二）、第 75 冊（管子の三）、第 76 冊（管子原文）	公田連太郎譯並註
第二十帙（四冊），大正 13 年 第 77 冊（呂氏春秋の一）、第 78 冊（呂氏春秋の二）、第 79 冊（呂氏春秋の三）、第 80 冊（呂氏春秋原文）	藤田劍峰譯並註

附錄六：臺灣省臨時省議會第一屆期間（1951～1954）王開運問政紀錄目錄〔註1〕

第一次定期大會（1951.11～1952.01）

歷次會議	提案、詢問、討論、連署、出席等狀況	備註
成立 12.11	遴選正副議長，與馬有岳、陳萬擔任監察員；選舉結果，黃朝琴爲議長、林頂立爲副議長。【典藏號 002-01-01OA-00-2-2-0-00022、002-01-01OA-00-2-2-0-00023】 與林頂立等人擔任宣言起草委員，王開運兼爲致答謝詞人。〔註2〕	
預備、一 12.12		
二、三 12.13	質詢：警察預算從寬，並注意精神訓練，以提高警察素質。（警務）【典藏號 002-01-01OA-00-6-2-0-00297】	警務處代處長劉戈青答覆
四 12.14		
五 12.15	擔任「交通審查委員會」召集人。〔註3〕	

〔註1〕 本表資料來源，主要引自「臺灣省議會史料總庫」網站（http://ndap.tpa.gov.tw/drtpa_now/main.php），輔以報章資料。

〔註2〕 〈省議會預備會議中 修正通過議事規則〉，《聯合報》，1951年12月13日，3版。

〔註3〕 〈臨時省議會發表 各審查委會委員〉，《聯合報》，1951年12月16日，3版。

歷次會議	提案、詢問、討論、連署、出席等狀況	備註
六、七 12.17	質詢：一、中等學校轉學須考試，對一般公務員不方便，於理不合。二、每年中學以上畢業生占不能就業者比率如何？累積為數若干？補救對策？三、政府有計畫復活臺南市二女中否？四、中等學校之國文教科書，有國定及省定兩種，有統一計畫否？（教育）【典藏號 002-01-01OA-00-6-6-0-00225】	教育廳答覆
八 12.24		
九 12.25		
休會		
十 01.10	參與「綜合審查會」。〔註4〕	
十一 01.11	擬請擴大縣市長權限並對縣市財政予以積極援助以收地方自治之效果案。（民政）【典藏號 002-01-01OA-00-5-3-01-05026】	黃朝琴連署
	請在臺南市設立臺灣銀行國外匯兌課以利商民並繁榮臺南市工商業案。（財政）【典藏號 0026130241006】	黃朝琴連署
	擬請廢止各項獎金制度以維政府信譽而利民生案。（財政）【典藏號 002-01-01OA-00-5-3-02-05096】	黃朝琴連署
	擬請築造臺南市南區喜樹里（原喜樹庄）海岸防波堤以利民生案。（建設）【典藏號 0026140341024】	黃朝琴連署
	請配給物資時應與地方政府保持密切之連繫以杜流弊案。（建設）【典藏號 002-01-01OA-00-5-3-03-05212】	黃朝琴連署
	【李建和、蘇東芳提案】關於營業稅開統一發票貨經辦期間各縣市稅務人員未照本會決議辦理應請省政府飭屬注意並嚴加糾正案。（財政）【典藏號 002-01-01OA-00-5-3-02-05117】	王開運等4人連署

〔註4〕〈議會審查單行法 昨共通過十四種 前未審查者改在今審查〉，《聯合報》，1952年1月11日，2版。

歷次會議	提案、詢問、討論、連署、出席等狀況	備註
	【陳漢周提案】請提高公營機器工廠工友工資待遇案。（建設）【典藏號 002-01-01OA-00-5-3-03-05263】	王開運、劉金約連署
	【陳漢周提案】請嚴厲取締學生不良惡習整頓學風發揚互助互愛精神以收教育效果案。（教育）【典藏號 002-01-01OA-00-5-3-05-05297】	劉金約、王開運連署
十二 01.12～01.15	質詢：一、省民不勝負擔臺灣捐稅，且立法如毛，是否能放寬以蘇民困？二、對臺灣貿易管理機構之通盤計劃，及進出口商之救濟，請告知政策。三、對公營事業機關之興革，與開放國營之政策如何？（總質詢總目）【典藏號 002-01-01OA-00-6-8-0-00344】	省主席吳國楨答覆
十三 01.16～01.17	臺南市總工會等 6 單位，發表聯合代電，請臨時省議會俯順輿情，撤銷裁併省社會處之提案；代電正本送臨時省議會，副本送省議員黃業、王開運二人向大會建議呼籲。〔註5〕	
十四 01.18		

第二次定期大會（1952.06～08）

歷次會議	提案、詢問、討論、連署、出席等狀況	備註
預備、一 06.10	擔任「交通審查委員會」召集人。〔註6〕	
二、三 06.12		
四 06.13	質詢：一、廳長個性甚強是否屬實？二、民間資金已短缺，政府應該調整優利存款利率。三、稅率過重問題。（財政）【典藏號 002-01-02OA-00-6-3-0-00333】	財政廳長任顯群答覆
	質詢：一、臺南市稅務稽徵人員態度不好；二、鄉村應指派更溫和有耐心的稽徵人員。（財政）【典藏號 002-01-02OA-00-6-3-0-00342】	財政廳答覆

〔註5〕 〈南市工會等六團體 請保留社會處 電台臨議會請勿裁併〉，《聯合報》，1952年1月17日，5版。
〔註6〕 〈臨時省議會二次大會 昨日開始舉行〉，《聯合報》，1952年6月11日，2版。

歷次會議	提案、詢問、討論、連署、出席等狀況	備註
五 06.14～06.16	質詢：一、政府不應拆除違章小屋；二、建設廳撥助高雄市蓋柏油路，盈餘應准許高雄市作爲他用。（建設）【典藏號 002-01-02OA-00-6-4-0-00400】	建設廳長陳尚文答覆
六 06.16～06.17		
七 06.18		
八 06.19	質詢：「鐵路局爲何不開放小運送業民營化」等 26個相關問題。（交通）【典藏號 002-01-02OA-00-6-7-0-00507】	鐵路局長莫衡答覆
	質詢：爲何臺北站除現金及臺銀、彰銀二行之支票外其餘不收？（交通）【典藏號 002-01-02OA-00-6-7-0-00524】	交通處答覆
九、十 06.20		
十一 06.23～06.24	質詢：一、政府法規多宣傳不力，使民眾受罰；二、鐵路貨運服務所違反政府決策。（總質詢總目）【典藏號 002-01-02OA-00-6-8-0-00578】	省主席吳國楨答覆
十二、十三 06.25	爲前提請政府禁止各機關罰金提獎另訂辦案有功人員優厚獎勵辦法一案再提具具體辦法以促早日實施俾杜絕流弊整肅紀綱而安民心案。（財政）【典藏號 002-01-02OA-00-5-3-02-05100】	與劉啓光等 6人共同提案；劉朝四等 5 人連署
	【王雲龍提案】爲簡化經濟行政機構應請創設商業廳案。（民政）【典藏號 0026120141068】	王開運、郭秋煌連署
	【林雲龍等 3 人提案】爲建議省府重建臺中縣新社鄉肺結核療養院繼續醫治患者案。（民政）【典藏號 0026120441017】	王開運、陳逢源等 6 人連署
	【王雲龍、許金德提案】請政府將營利事業所得稅制課征標準改爲一年課征一次案。（財政）【典藏號 002-01-02OA-00-5-3-02-05112】	王開運、張芳燮、郭秋煌連署
	【王雲龍提案】請政府放棄優利存款爲原則逐次降低利息及降低銀行利息案。（財政）【典藏號 002-01-02OA-00-5-3-02-05114】	王開運、郭秋煌連署
	【王雲龍、黃成金提案】請政府依照臺灣省進出口貿易及匯兌管理辦法第十條之規定供應正當出國留學生及旅行者需用之外匯案。（財政）【典藏號 002-01-02OA-00-5-3-02-05115】	王開運、郭秋煌、林頂立、白金泉連署

歷次會議	提案、詢問、討論、連署、出席等狀況	備註
	【林雲龍提案】請政府飭令各縣市財稅人員應愼重從事以安民心案。（財政）【典藏號 0026130141028】	王開運、陳逢源連署
	【王雲龍提案】請物資局對配售物資應依照成本計算出售案。（建設）【典藏號 0026140041005】	王開運、郭秋煌連署
	【王雲龍、郭秋煌提案】請政府將各公營事業改爲實質之公司組織案。（建設）【典藏號 002-01-02OA-00-5-3-03-05244】	郭秋煌、王開運連署
	【林雲龍、蔡鴻文提案】爲改善臺中縣清水鎭東山等四里居民飲水問題請撥款補助施設自來水以利民生案。（建設）【典藏號 002-01-02OA-00-5-3-03-05255】	陳逢源、陳水潭、王開運連署
	【林雲龍、蔡鴻文提案】建議政府興築臺中縣內埔鄉七塊厝壹號貳號堤防延長工程案。（建設）【典藏號 002-01-02OA-00-5-3-03-05257】	陳逢源、王開運連署
	【林雲龍提案】請省府早日修築大甲溪北岸六塊厝堤防延長工程案。（建設）【典藏號 002-01-02OA-00-5-3-03-05258】	陳逢源、王開運連署
	【林雲龍提案】爲建議政府對臺中縣清水排水工程附帶鹿寮米粉寮防砂工程之施設案。（建設）【典藏號 002-01-02OA-00-5-3-03-05260】	陳逢源、王開運連署
	【林雲龍提案】爲促進水利事業請將鄉（鎭）農會代表人列爲水利委員會當然委員案。（建設）【典藏號 0026140341035】	陳逢源、王開運連署
	【林雲龍、蔡鴻文提案】請政府迅予修復大甲溪高美堤防缺潰處以安民生案。（建設）【典藏號 002-01-02OA-00-5-3-03-05262】	陳逢源、王開運、陳水潭連署
	【林壁輝等 6 人提案】請政府確立保護工業政策遵循合理合法途徑兼顧生產與消費雙方利益擬定施政計劃以防紊亂與流弊案。（建設）【典藏號 002-01-02OA-00-5-3-03-05293】	李建和、王開運等 6 人連署
	【王雲龍提案】請政府在保護國內工業政策上必須加以嚴格監督與管理案。（建設）【典藏號 002-01-02OA-00-5-3-03-05294】	王開運、郭秋煌連署
	【蘇東芳提案】請省政府迅速修築大溪漁港以利漁業建設案。（農林）【典藏號 002-01-02OA-00-5-3-04-05335】	王開運、邱智生連署

歷次會議	提案、詢問、討論、連署、出席等狀況	備註
	【林雲龍提案】為改良社會風氣應在中等學校教程中注重德育並增設德育課程案。（教育）【典藏號002-01-02OA-00-5-3-05-05188】	王開運、陳逢源連署
休會		
十四 07.21～07.23		
十五 07.24～08.18	參與討論「臺灣省整理戶籍計劃綱要草案」。〔註7〕	
十六、十七 08.19	審議臺灣省林務改進方案。（農林）【典藏號002-01-02OA-00-5-2-0-00261】	
十八 08.20		
十九、二十 08.21	當選為公營事業小組委員。【典藏號 002-01-02OA-00-2-2-0-00281】	
駐會期間	為發展本省航業清建議政府維護臺航公司並設法充實船舶俾能肩負本省航運之使命案。（交通）【典藏號 002-01-02OA-00-5-3-06-05412】	與黃宗焜等4人共同提案
	臨時動議：查本會第二次大會第十五次會議決議請政府就鐵路公路港務三部門以行政與業務分開為原則另訂管理辦法送會審議一案迄未送來擬請政府依照本會決議迅予擬訂該項法規即送本會審議是否可行請公決案。（總目）【典藏號 002-01-03OA-00-3-8-0-00024】	
	據最近報載於某日起自苗栗站之鐵路貨車駛過屏東下淡水溪鐵橋時竟以裝貨不妥觸及該橋鋼樑而出軌於是鋼樑及軌道亦因而歪取或折斷受損頗巨致不能通車現正搶修中擬請鐵路局來會報告藉以查明責任是否可行請公決案。（總目）【典藏號 002-01-03OA-00-3-8-0-00024】	
	第四次、第五次駐會委員會上，代議長黃長琴主持。〔註8〕	

〔註7〕 〈本省整理戶籍案 省臨議會再激辯〉，《聯合報》，1952年7月26日，2版。
〔註8〕 《聯合報》:〈各縣市正副議長 昨集日月潭開會 交換對下屆選舉意見 省議會

第三次定期大會（1952.12～1953.02）

歷次會議	提案、詢問、討論、連署、出席等狀況	備註
預備、一 12.15	擔任「教育、交通審查委員會」召集人。〔註9〕	
	【蘇東芳提案】爲希望臺灣省臨時省議會邀請立法院舉行聯席座談會以期密外聯繫而增進對臺灣省行政效率案。（總目）【典藏號 002-01-03OA-00-5-3-0-00032】	王開運參與討論
二 12.16	王開運等 12 人質詢關於臨時省議會職權問題。（總目）【典藏號 002-01-03OA-01-6-1-00-00016】	省主席吳國楨、民政司長高應篤、民政廳長楊肇嘉與副廳長項昌權答覆
三 12.16～12.17		
四 12.17～12.19	參與「公營事業出售問題座談會」。（總目）【典藏號 002-01-03OA-01-3-1-00-00172】	
五 12.20		
休會		
六、七 01.12	討論「復會後議事日程表昨日經程序委員會詳細討論決議通過當否請公決案」。（總目）【典藏號 002-01-03OA-00-2-2-0-00040】	
	質詢：一、李福隆案已提出告訴，應候司法解決，不必再討論；二、此次選舉有值得檢討處，如禁止挨戶訪問及運動員活動，其他各監察小組之檢舉工作，未能盡到責任，可做爲之後選舉之參考。（民政）【典藏號 002-01-03OA-00-6 2-0-00204】	民政廳長楊肇嘉答覆
	質詢：一、逮捕與釋放流氓問題，應由報紙登載發表，以釋彼等流氓之誤會，使地方糾紛減少，且免被惡勢力利用；二、警察有窩娼包賭等事，考其原因，乃待遇過於菲薄，應提高待遇，以養其廉；三、能說本省語言者於查戶口亦便利許多；又報載警察誘去良家婦女，應提高警察教育及素質。（民政）【典藏號 002-01-03OA-00-6-2-0-00236】	警務處長陶一珊答覆

昨討論房捐課征標準〉，1952 年 9 月 26 日，3 版：〈省議會昨討論 整理戶籍辦法 並通過請願案兩件〉，1952 年 10 月 3 日，3 版。

〔註9〕〈今日開始省政詢問〉，《聯合報》，1952 年 12 月 16 日，3 版。

歷次會議	提案、詢問、討論、連署、出席等狀況	備註
八 01.13	質詢：一、謠傳工礦公司對議員行賄一事，公司應徹查，又聞公司化工部人事，多牽親引戚，及之前化工部發生貪污，請見告牽涉人員有無受到行政處分，並望郭總經理能整肅部下；二、臺南市鹽水溪堤防每年決潰，本年有計劃，唯預算不夠，擬請財政廳補助，建設廳由側面協助。（建設）【典藏號002-01-03OA-01-6-4-02-00194】	工礦公司董事長郭克悌答覆
九 01.14		
十 01.15	質詢：鐵路加價後虧損甚多，應切實改善管理並節省；越虧本越加價，乃總務費用過多及經營不善所致，應當改善；交通處是主管者，對於濫用新人及浪費總務經費，有無加強監督？鐵路業務管理方面，是否有不合理地方，以致經營不善？望處長做好官，而不要做好人。（交通）【典藏號002-01-03OA-01-6-7-00-00219】	交通處長侯家源、鐵路局長莫衡答覆
	質詢：請鐵路局報告自客運費提高後，每月增加收入若干？目前總共收入及用度如何？（交通）【典藏號002-01-03OA-01-6-7-02-00355】	鐵路局答覆
十一 01.16	質詢：一、現有數萬人無法升學或就業，遊手好閒或誤入歧途，教育當局有何對策？二、中學生轉學皆要再經考試，公務員因公移居的子女轉學問題，教育廳能糾正否？三、各級學校對調查統計事務，在教育上未免本末顛倒，希當局注意；四、對私立學校應有獎勵及補助，對非法攤派應該禁止，但對樂捐者不應禁止，希望陳廳長多爭取教育經費預算及增加對私立學校的補助。（教育）【典藏號002-01-03OA-01-6-6-01-00236】	臺灣省政府教育廳長陳雪屏答覆
十二 01.16～01.19	報告公營事業交通教育組審查經過。〔註10〕	
十三 01.20	擔任「教育交通組審查單行法規暨提案」主席。【典藏號002-01-03OA-00-2-3-0-00096】	
十四 01.21	報告「審查西螺橋工程受益費征收辦法經過情形」。【典藏號002-01-03OA-00-2-2-0-00104】	
十五 01.22		
十六 01.22-	擔任「教育交通審查委員會暨公營事業追加預算」主席。【典藏號002-01-03OA-00-2-3-0-00142】	

〔註10〕〈各公營事業概算 省議會審議通過〉，《聯合報》，1953年1月23日，3版。

歷次會議	提案、詢問、討論、連署、出席等狀況	備註
01.23		
十七 01.24～02.24	選舉駐會委員及公營事業小組委員，議長黃朝琴指定王開運、白金泉監籤。	
	為解除納稅義務人之痛苦請省政府組織省縣市稅務糾紛調查委員會案。（財政）【典藏號 002-01-03OA-01-5-3-02-00416】	
	任臨時省議會「青果產銷問題小組」委員。〔註11〕	
十八 02.25～02.26	質詢：一、次要河川歸各縣市政府自己設法辦理，但財政薄弱之縣市無力設施，且中央政府碍於規定，不能充分補助，主席要有補救辦法；二、現下臺灣匯率之不自然及各項稅率之高，恐難實現臺灣工業化與誘致華僑來臺投資，主席有何對策？三、查鐵路貨運服務所開放民營，迄今已達三年仍未見諸實行，有損省政府威信；四、臺灣青年失業之多，不能只圖振興教育而不慮其前途，未識主席對失業青年之出路有何高見？（總質詢總目）【典藏號 002-01-03OA-01-6-8-00-00641】	省政府、水利局答覆
駐會期間	關於嘉義縣汽車客運經營糾紛乙案業已擬定調解結論提請公決案。【典藏號 002-01-03OA-01-2-3-01-00808】	

第四次定期大會（1953.06～07）

歷次會議	提案、詢問、討論、連署、出席等狀況	備註
預備、一 06.22	擔任「教育、交通審查委員會」召集人。〔註12〕	
二、三 06.23	質詢：一、都市計畫之土地免放領政策須檢討；二、嘉南大圳保留地問題；三、窰業公司之土地放領問題。補充詢問：一、期地政局長多服務人民；二、嘉南大圳如發生危害之責任負擔；三、窰業廠已設立，為何將其土地放領。（民政）【典藏號 002-01-04OA-02-6-2-01-00056】	地政局長沈時可答覆

〔註11〕 〈三個小組人選推定〉，《聯合報》，1953 年 2 月 24 日，3 版。
〔註12〕 〈台灣省臨時議會 四次大會昨揭幕〉，《聯合報》，1953 年 6 月 23 日 3 版。

歷次會議	提案、詢問、討論、連署、出席等狀況	備註
	質詢：嘉南大圳保留地問題；磚廠之出租耕地問題。（民政）【典藏號 002-01-04OA-02-6-2-01-00395】	地政局答覆
	質詢：一、詢問社會處包庇挑挽工會之事；二、濫設合作社之不良效果，如何善處；三、補救失業青年辦法；四、官方不應接辦縣市社團財產。（民政）【典藏號 002-01-04OA-02-6-2-03-00063】	社會處長謝徵孚答覆
	質詢：一、任命民防團防護隊員，宜考慮生活問題；二、注重警政素質改善。（民政）【典藏號 002-01-04OA-02-6-2-02-00103】	警務處答覆
四、五 06.24	質詢：口頭舉例公營事業弊端數則。（財政）【典藏號 002-01-04OA-02-6-3-01-00259】	財政廳答覆
	臨時動議：電慰濟州島華籍反共戰俘案。【典藏號 002-01-04OA-00-5-3-0-00037 、 002-01-04OA-02-4-3-00-00003】	
六 06.25		
七 06.26		
八 06.26	質詢：一、提高女子教育計劃；二、知識青年失業問題；三、臺大應於臺南加設投考處。（教育）【典藏號 002-01-04OA-02-6-6-01-00128】	教育廳答覆
九 06.27	質詢：次要河川工程歸縣市政府負擔，因各地經濟狀況不同希重新規定。（建設）【典藏號 002-01-04OA-02-6-4-01-00167】	建設廳答覆
	質詢：工礦公司集體貪污舞弊層出不窮請調整。（建設）【典藏號 002-01-04OA-02-6-4-02-00272】	工礦公司總經理何驥答覆
十 06.29	質詢：一、撤廢糧區問題；二、公務人員配給可否繼續。（糧食）【典藏號 002-01-04OA-02-6-5-00-00480】	糧食局長李連春答覆
十一 06.30	質詢：一、希望交通處對於議會議決的事情趕快辦理；二、鐵路局對民營運輸業者應當維護。（交通）【典藏號 002-01-04OA-02-6-7-00-00215】	鐵路局長莫衡、交通處長侯家源答覆
	質詢：一、對公路與鐵路行政劃分之單行法規，何時送會審查？二、對一般民營轉運業者之看法。（交通）【典藏號 002-01-04OA-02-6-7-01-00411】	交通處答覆
十二 07.01		
休會		

歷次會議	提案、詢問、討論、連署、出席等狀況	備註
十三 07.11～0713	質詢：一、財政廳主管科將統收統支誤為統制政策，請糾正；二、火車出軌及撞車事件有無改善計畫；三、鐵路局對於上級機關之決策不切實奉行，請糾正；四、應對本省航業公司澈底整頓改變經營方式；五、鐵路與公路應不作無謂之競爭；六、未見公佈高雄港碼頭工人管理辦法；七、監察院對鐵路局提出糾舉但未見有何處分或糾正。補充詢問：一、高雄港工人管理辦法；二、統收統支問題；三、鐵路局人事之調整。（總詢問總目）【典藏號 002-01-04OA-02-6-8-00-00249】	省主席俞鴻鈞答覆
十四 07.13		
十五 07.14		
十六、十七 07.15	請政府撥款補助建築鹽水溪堤防以利生產而安居民案。（建設）【典藏號 002-01-04OA-02-5-3-03-00422】	
	請政府從速興修關廟水庫，以利生產並供應南市居民用水案。（建設）【典藏號 0026140342007】	
	請政府拯憫開明地主困苦放寬處理未繳餘糧辦法。（農林）【典藏號 002-01-04OA-02-5-3-04-00466】	與李茂炎等 24 人共同提案
	請政府恢復臺南省立第二女子中學維護女子升學機會案。（教育）【典藏號 002-01-04OA-02-5-3-05-00503】	
	請國立臺灣大學同時在臺南舉行新生入學試驗以輕考生負擔案。（教育）【002-01-04OA-02-5-3-05-00504】	
	請政府指撥專款修復臺南市名勝古蹟赤崁樓孔廟大成殿五妃廟以重歷史而壯觀瞻案。（教育）【典藏號 002-01-04OA-02-5-3-05-00518】	
	關於鐵路轉運業手續費應由交通處根據實際情形隨時調整以利貨運案。（交通）【典藏號 002-01-04OA-02-5-3-06-00545】	
	關於交通處轄下之工人工資及一切手續費等調整請歸由交通處辦理案。（交通）【典藏號 002-01-04OA-02-5-3-06-00546】	
駐會期間	參加交通處「臺灣省港區裝卸工人管理規則草案」及「臺灣省各港口民營輪船裝卸業管理規則草案」座談會。【典藏號 0020180542063】	

歷次會議	提案、詢問、討論、連署、出席等狀況	備註
	參加「臺灣省汽車貨運業管理辦法草案」審查小組。【典藏號 0024420542003】	召集人為賴森林
	為新營合同運送兩合公司請願為鐵路貨運服務所不履行債次剝奪民公司應得權益請求主持公道與以合理解決以維生計乙案經已調查完畢並擬具報告書報請公決案。【典藏號 002-01-04OA-02-2-3-01-00773】	

第五次定期大會（1953.12～1954.01）

歷次會議	提案、詢問、討論、連署、出席等狀況	備註
預備、一 12.14	擔任「教育、交通審查委員會」召集人。〔註13〕	
二 12.15		
三、四 12.16		
五 12.17		
六、七 12.18		
八 12.19		
九 12.21	質詢：一、鐵路貨物服務所的改組問題；二、東部臺灣聞已決定取消貨運服務所，改為鐵路營業課，是否事實。（交通）【典藏號 002-01-04OA-03-6-7-01-00091】	交通處長侯家源答覆
十 12.22		
十一、十二 12.23	與黃朝琴、林頂立提出臨時動議，為響應反共義士自由日，應發表宣言以示歡迎義士來臺案。〔註14〕	
休會		
十三 01.20～01.21	質詢：一、都市建設，應有具體計劃，再行擴充；二、關於本省實施分區建設案；三、將本省鐵路單軌改為雙軌案；四、有關整理戶籍換發身分證照片的問題。（總質詢總目）【典藏號 002-01-05OA-03-6-8-00-00185】	省主席俞鴻鈞答覆

〔註13〕〈台省臨時議會首屆五次大會昨晨揭幕〉，《聯合報》，1953 年 12 月 15 日，3 版。
〔註14〕〈省議會發表宣言 歡迎義士來台灣〉，《聯合報》，1954 年 1 月 21 日，3 版。

歷次會議	提案、詢問、討論、連署、出席等狀況	備註
十四 01.21～01.23	王開運等 4 位議員輪流代理議長職。【典藏號 002-01-05OA-00-5-2-0-00048】	
	王開運等議員報告「為擬具調解嘉義縣汽車客運與縣營路線糾紛案報告書一份提請鑒核案」。【典藏號 002-01-05OA-00-5-3-0-00068】	
	請政府指定臺灣土地銀行撥借長期低利貸款協助臺南市政府興建平民住宅以救房荒案。（財政）【典藏號 002-01-05OA-03-5-4-02-00698】	
	請政府撥款給臺南師範學校籌建宿舍藉以促進恢復臺南二女中俾解決中南女子失學問題並利住宿生管理案。（教育）【典藏號 002-01-05OA-03-5-3-05-00303】	與黃業共同提案
	請政府轉知國立臺灣大學自四十三年度起新生入學試驗仍應尊重民意分臺南臺北兩區分期舉行以輕考生家長負擔案。（教育）【典藏號 002-01-05OA-03-5-3-05-00344】	
	請政府獎勵私人設立普通初級中學以解救每年眾多國民學校畢業生失學或獎勵民間興學以補各級學校之不及而利育才案。（教育）【002-01-05OA-03-5-3-05-00346】	與姜阿新共同提案
	請政府會同軍事機關切實研究改善行車安全以防車禍案。（交通）【002-01-05OA-03-5-3-06-00552】	
駐會期間	代表臨時省議會正副議長列席立法院民刑商法委員會〔註15〕	

〔註15〕〈立院預算委會 審議國防部預算案 民刑商法委會 研討大赦問題〉,《聯合報》,1954 年 5 月 25 日,1 版。

附錄七：《王開運全集‧詩詞卷》補充與修定

【說明】

　　《王開運全集》由國立台灣文學館委託施懿琳、陳曉怡編纂，在本論文進行之前，筆者得以協助該書的資料蒐集，對於論文撰寫自然事半功倍。然而，當時編纂時間匆促，加上筆者對文學史料的認知不夠紮實，故考訂層面仍不夠詳盡，尤以「詩詞卷」最為明顯。本論文撰寫期間，盡可能地再次爬梳史料，加強作品年代、出處的考訂，也有助於作品探析。

　　本附錄以「詩詞卷」裡的詩作為考訂範圍（少數的詞作等韻文，則略），額外發現的其他王氏作品，乃集中於本論文「附錄三：王開運作品補遺目錄」。以下條列說明本附錄表格內容：

　　1.「題名」欄：依「詩詞卷」詩題謄打；若另有詩題，則在括號中說明。

　　2.「頁次」欄：依「詩詞卷」原頁次。由於本附錄依年代重新排列，易生混亂，故此欄有助讀者檢索。

　　3.「繫年」欄：將詩題依年代重新排列。年代根據以詩作的刊行日期為主，次為推測所得；同年代裡，確定者優先，次為推測所得，不詳者則集中置於表格後面。

　　4.「類型」欄：分為「記遊」、「綺豔」、「感懷」、「贈答」……等類別，便於整體觀察王氏詩作的類型與分佈狀況。

　　5.「備註」欄：交代考訂根據，如資料出處、推測依據、少見的筆名，以及王氏和答詩作的原詩為何。

6.字體的使用：

（1）已知出處毋庸考訂者，其題名以「加粗」表示，並減少重覆說明；
　　若有補充資料，置於「備註」欄，以「新細明體」表示。

（2）新考訂處，以「新細明體」表示。

題　名	頁次	繫年	類型	備註【考訂根據】
遊圓山公園	3	1910	記遊	二詩收於《臺灣總督府國語學校校友會雜誌》25，「文藝」，頁 154，前一首原有序。後又皆署「曹賜瑩」之名刊於《臺灣教育會雜誌》「文藝」（1911.08.31），但曹賜瑩乃曹永和之父，或為誤植所致。
遊苗圃偶詠	3	1910	記遊	
觀祭典口占	3	1913	記遊	《臺灣日日新報》「詩壇」（1913.12.09）。
無題四首	3	1913	綺豔	《臺灣日日新報》「詩壇」（1913.12.09）。
宮城春望	4	1914	記遊	
將辭職偶作	4	1914	感懷	又載《臺灣愛國婦人》77（1915.03.25）。
農夫	5	1914	寫景	《臺灣日日新報》（1914.06.02）。
遊岡山超峰寺詠	5	1914	記遊	《臺灣日日新報》（1914.06.02），又載《臺灣愛國婦人》77。
拱五舅父晚年得子誌賀	6	1914	贈答	
寄懷李讚生君	7	1914	贈答	
歸途雜詠	5	1915	記遊	《臺灣愛國婦人》77。
病耳	6	1915	感懷	《臺灣愛國婦人》77。
陳君培煥相問近況因成一律以寄	8	1915	贈答	
慶養老典	9	1915	贈答	
偕友人遊岡山超峰寺	7	1915	記遊	《臺灣日日新報》「南瀛詞壇」（1915.04.14）。
又成一律示蔡君培火（偕蔡培火君遊超峰寺）	7	1915	贈答	
阿公店青年會即詠	9	1915	贈答	
秋夜暴風雨有感	17	1919	感懷	

題名	頁次	繫年	類型	備註【考訂根據】
送岡戶諭介先生	10	1920	贈答	查《臺灣日日新報》「打狗臺銀の異動」（1917.04.13）報導，岡戶氏該年由臺銀打狗支店長轉任臺南支店長，王開運亦於此年始入臺南支店，而詩句「三年宇下耳提親」，則可推算岡戶氏乃在該支店服務 3 年，故王氏爲其送行之詩，應是成於 1920 年。
呈松本學士（用某氏原韻贈松本法學士併請斧正）	14	1922	贈答	《臺南新報》（1922.01.19）。
觀崔金花演劇寄楊李二君（戲呈迷花生一粲）	13	1922	贈答	《臺南新報》（1922.08.02）；筆名爲「走卒」。
讀清陰先生高評即寄（讀清陰先生高評有作）	15	1922	贈答	《臺南新報》（1922.08.17）；筆名爲「走卒」。
壽長谷川君弘四十	113	1923	贈答	《興南新聞》「興南詩苑」（1943.08.31）；然查漢珍「台灣人物誌」資料庫，該氏明治 37 年（1884）生，40 歲生日實於 1923 年，故此詩或爲重刊。又，長谷川弘本名「張火爐」，作者註爲「張晦樓」，乃臺語諧音。
次華山先生固園雅集席上瑤韻	18	1924	贈答	唱詩爲華山茅源廉〈固園雅集率賦求臺灣吟壇賡和併乞叱正〉（《臺南新報》，1924.03.31）。
敬和梅樵叔瑤韻	18	1926	贈答	唱詩爲施梅樵〈田中樓席上戲作〉（《臺南新報》，1926.01.07）。
將遊大陸留別諸君子	18	1926	贈答	
將之申江車中感作	100	1926	感懷	據詩句「卅七年華學遠行」推測。
送林茂生先生遊歐即步星樓韻	101	1927	贈答	唱詩爲謝國文〈送灌園耕南二先生遊歐美〉（《省廬遺稿》），兩人於 1927 年離臺。
初日迎神戲占（初日迎神戲詠）	156	1927	記遊	《臺南新報》（1927.04.22）；筆名爲「隻眼生」。

題名	頁次	繫年	類型	備註【考訂根據】
戲呈亞南兄	21	1927～31	贈答	作於王亞南 1927-1931 年 3 度遊臺期間。按，王亞南曾於 1927-1931 年間 3 度遊臺，首次在 1927 年，隔年春天蒞南，而《遊臺吟稿》乃首度遊臺之集成，故吟稿中的臺南相關詩作，皆在 1928 年。
歡迎席上次亞南宗兄韻	19	1928	贈答	王亞南《遊臺吟稿》；唱詩為王亞南〈臺南各界歡迎會即席〉（見同書）。
再次亞南宗兄瑤韻	19	1928	贈答	
席上呈亞南畫伯	19	1928	贈答	《遊臺吟稿》；和詩有王亞南〈原韻留別開運宗臺〉（見同書）。
夜談次劍泉吟兄瑤韻即呈亞南宗兄教政	20	1928	贈答	《遊臺吟稿》；唱詩為趙劍泉〈夜譚〉（見同書）。
和亞南畫伯歡迎席上原韻	20	1928	贈答	《遊臺吟稿》；唱詩為王亞南〈上巳酉山書畫會歡迎席上〉（見同書）。
同亞南宗兄遊法華寺賦呈斧正	20	1928	贈答	《遊臺吟稿》；和詩有王亞南〈游法華寺賦似開運宗臺韻〉（見同書）。
約同登山未果原韻	74	1928	贈答	《遊臺吟稿》；唱詩為王亞南〈登大岡山口占〉（見同書）。
遊超峰寺擬作似少雲韻	74	1928	贈答	《遊臺吟稿》；和詩另有王亞南〈游超峰寺賦似少雲韻〉（見同書）。
懷亞南宗兄即次留別玉韻	75	1928	贈答	《遊臺吟稿》；和詩有王亞南〈臺南諸君送別會即席留別〉（見同書）。
寄亞南宗臺代柬	21	1930	贈答	
亞南宗臺重來臺南驛歡晤口占	21	1930	贈答	
祝酉山吟社創立十週年	22	1930	贈答	
題蝴蝶蘭呈王亞南畫伯	22	1930	贈答	
旅中瑞穗丸舟中作	23	1930	感懷	
夜聞濤聲	23	1930	感懷	
船上觀潮	22	1930	感懷	
戲集十研老人句贈阿碧	23	1930	綺豔	

題名	頁次	繫年	類型	備註【考訂根據】
得見雲英校書玉照	24	1930	綺豔	
贈小閩市	24	1930	綺豔	
戲占一絕贈碧玉	24	1930	綺豔	
失題〈縱橫一室話滄桑〉	170	1930	贈答	唱詩爲王亞南〈蒙張振樑先生招飲率賦謝〉（另題〈庚午春蒙招飲率賦謝振樑老哥○政〉，皆見《江陰王亞南先生詩畫集》）；和詩另有王臥蕉〈次亞南宗先生○韻〉（《臺南新報》「詩壇」，1930.05.23）。
失題〈歡聯永夜高朋座〉	170		贈答	
贈雷愛珠	25	1931	綺豔	
戲成一律贈崁城校書麗香	25	1931	綺豔	
賦贈崁城玉英女校書	25	1931	綺豔	
賦贈新春女校書	26	1931	綺豔	
贈稻江阿素校書	26	1931	綺豔	
戲題麗香校書臂上嚙痕	26	1931	綺豔	
贈潮州日春樓月桂校書	27	1931	綺豔	
和謝景雲贈樂仙樓寶桂校書	27	1931	綺豔	
贈凌雲閣歌妓有金	27	1931	綺豔	
戲贈桂英校書	28	1931	綺豔	
贈阿守校書	28	1931	綺豔	
戲成一絕贈崁城文君女校書	29	1931	綺豔	
旅館女侍	29	1931	歌謠仿作	
茶亭女給	29	1931	歌謠仿作	
贈嘉義文明樓來有校書	30	1931	綺豔	
子守野雞	30	1931	歌謠仿作	

題名	頁次	繫年	類型	備註【考訂根據】
腳屑查某	30	1931	歌謠仿作	
贈歌妓阿嬌	31	1931	綺豔	
贈月仙校書	31	1931	綺豔	
女車掌	31	1931	歌謠仿作	
司籌女	32	1931	歌謠仿作	
口占一絕贈稻江名妓陳氏夏	32	1931	綺豔	
司機女	33	1931	歌謠仿作	
戲拈一絕贈稻妓實惜	33	1931	綺豔	
看護婦	33	1931	歌謠仿作	
次樂覺偶作韻	34	1931	歌謠仿作	唱詩爲樂覺〈偶作〉（《三六九小報》，1931.07.19）；另有他人和作，如一洞天主〈步花道人次樂覺偶作韻〉（同報，1931.08.13）、二洞天主〈讀花道人次樂覺偶作韻亦和一首〉（同報，1931.08.19）、八仙嫖客〈讀花道人次樂覺偶作韻亦和一首〉（同報，1931.08.29）。
毛斷女	34	1931	歌謠仿作	
浪漫女	34	1931	歌謠仿作	
自由女	35	1931	歌謠仿作	
虛榮女	35	1931	歌謠仿作	
戲拈一絕贈鶯英校書	36	1931	綺豔	
贈小金寶	37	1931	綺豔	
戲拈一絕示月霞校書	37	1931	綺豔	

題名	頁次	繫年	類型	備註【考訂根據】
仿劉禹錫再遊旋都觀詩以贈阿幼	38	1931	綺豔	
戲拈一絕贈阿勉校書	38	1931	綺豔	
贈嫦娥校書	39	1931	綺豔	
阿里校書送往勞瘁戲紀以詩	40	1931	綺豔	
贈阿夏校書	40	1931	綺豔	
戲成一絕以贈玉鸞校書	40	1931	綺豔	
贈阿味校書	41	1931	綺豔	
贈寶蓮校書	41	1931	綺豔	
代柯生贈雪琴校書	42	1931	綺豔	
代寶鳳寄書賦鵬君	42	1931	綺豔	
口占一絕贈春風校書	42	1931	綺豔	
柳軒小集送王亞南先生歸國	43	1931	贈答	
戲成一絕贈阿秀校書	43	1931	綺豔	
代西夏生贈小喬校書	44	1932	綺豔	
贈鴛鴦校書	44	1932	綺豔	
代醉仙閣白蓮校書題詩解嘲	45	1932	綺豔	
爲賦鵬君與阿罔校書重逢戲作一絕	45	1932	綺豔	
露水結緣	45	1932	綺豔	
口占一絕贈日春樓歌妓月桂	46	1932	綺豔	
口占一絕紀盧生麗香重逢	46	1932	綺豔	
有感醉餘生財色說詩以紀之	47	1932	綺豔	

題名	頁次	繫年	類型	備註【考訂根據】
贈歌妓小鳳	47	1932	綺豔	
和暢仙寄道人看花見眎韻	48	1932	綺豔	
和秋韻示暢仙	48	1932	綺豔	
口占一絕贈賓美酒肆阿錦	49	1932	綺豔	
贈玉雲校書	49	1932	綺豔	
贈幼良女校書	50	1932	綺豔	
鳳英校書思鄉有感詩以紀之	50	1932	綺豔	
即席書一絕以贈四宜生與玉葉校書	50	1932	綺豔	
戲贈美玉校書	51	1932	綺豔	
戲贈金枝	51	1932	綺豔	
醉仙閣席上賦贈麗珠校書	51	1932	綺豔	
訪阿夏校書不遇	52	1932	綺豔	
雲英校書落花有主詩以紀之	52	1932	綺豔	
客中遇歌妓小寶治賦贈以詩	52	1932	綺豔	
聞阿昌趣言戲為一詩	53	1932	綺豔	
贈阿雲	53	1932	綺豔	
贈招仙閣錦霞校書	53	1932	綺豔	
戲贈小紅綢	54	1932	綺豔	
久聞劉阿珠芳名終獲一晤率成三絕	54	1932	綺豔	
聞寶美雪珠孝行有感贈詩一首	55	1932	綺豔	
紀稻江名妓碧梧	55	1932	綺豔	
贈醉仙閣麗珠	55	1932	綺豔	
贈阿鳳	56	1932	綺豔	

題名	頁次	繫年	類型	備註【考訂根據】
戲成一絕贈稻江鱸鰻	56	1932	綺豔	
柏園以詩索和倏忽數日茲值小報有停刊之議乃率成三絕聊以塞責	57	1932	贈答	《三六九小報》「題襟雅興」（1932. 11.26）；唱詩爲栢園〈感懷三首寄杏庵少雲〉，刊於同報同日。
瓊華女士送行	58	1933	綺豔	
夜來不寐偶成一律	59	1933	感懷	
不寐	59	1933	感懷	
口占一絕戲示西畑君及美玉校書兩君	59	1933	綺豔	
舟行速瀧峽二妓索詩率成一絕贈之	60	1933	綺豔	
別府海地獄前撮影紀念	60	1933	記遊	
看劍	61	1933	詠物	
弔李茂春先生墓	17	1933以前	詠史	此詩有連雅堂之評語，而連氏於1933年舉家遷至上海，1936年逝世，其間未曾返臺，故王氏寫作時間必不晚於此年。
打油詩	62	1934	綺豔	
爲阿玉校書賦詩一首	62	1934	綺豔	
贈寶惜	63	1934	綺豔	
席上率成一律示芳園與鳳英校書	64	1935	綺豔	
贈奎府治女史	64	1935	綺豔	
贈招仙亭歌妓寶惜	64	1935	綺豔	
口占一絕贈蓮芳如璧	65	1935	綺豔	
贈天國女給政江	65	1935	綺豔	
爲招仙旗亭姊妹花登臺獻技戲作一首	65	1935	綺豔	
贈醉仙旗亭阿尾	66	1935	綺豔	

題名	頁次	繫年	類型	備註【考訂根據】
口占一絕贈壽榮閣月鳳	66	1935	綺豔	
口占一絕贈彩綢校書	66	1935	綺豔	
贈秋篁校書	67	1935	綺豔	
贈高陞樓歌妓采秋	67	1935	綺豔	
紀歌妓阿勸	67	1935	綺豔	
入蝴蝶酒肆	68	1935	綺豔	
贈珈琲店女招待阿秀	68	1935	綺豔	
芳園以名士匿床訕笑予因戲作一絕以自解嘲	69	1935	綺豔	
贈招仙旗亭新來歌妓春枝	69	1935	綺豔	
贈雅雲校書	70	1935	綺豔	
紀阿甘南下寄籍招仙閣	70	1935	綺豔	
香巢	70	1935	綺豔	
鄰請道士營法事見穿五方因戲占三絕以記之	71	1935	敘事	
戲詠綠珊盦主深得麻雀哲學	71	1935	贈答	
贈招仙閣阿桂	72	1935	綺豔	
贈歌妓雲雲	72	1935	綺豔	
陳君金萬同某女士邀遊北投新泉閣賦呈	154	1937～45	贈答	據王家提供《杏庵詩集》底稿，詩題之旁寫有「戰爭中」字樣。
戊午題王亞南詩畫集	73	1938	贈答	
和柯子祿君游大陸瑤韻	92	1938	贈答	王家提供之「樂天會會員芳名簿」，乃1963年資料，柯子祿時65歲，再據此詩註腳附有柯氏唱詩，從「株守家園四十年」加以推斷，應為1938年。

題名	頁次	繫年	類型	備註【考訂根據】
失題〈清談煮酒過匆匆〉	172	1939	感懷	據詩句「知命年華瞬息中」推測。
羊城雜詠	83	1940	記遊	《臺灣新民報》「心聲」（1940.01.21），前 8 首又載《興南新聞》「興南詩苑」（1942.08.21）。
赴佛山車中口占	86	1940	記遊	《臺灣新民報》「心聲」（1940.01.21），又載《興南新聞》「興南詩苑」（1942.08.25）。
詠羅村	85	1940	記遊	《臺灣新民報》「心聲」（1940.01.21），又載《興南新聞》「興南詩苑」（1942.08.22）。
席上贈瀨戶君（席上贈瀨戶五洲）	85	1940	贈答	《臺灣新民報》「心聲」（1940.01.21），又載《興南新聞》「興南詩苑」（1942.08.22）。
贈若林從軍記者	85	1940	贈答	《臺灣新民報》「心聲」（1940.01.26），又載《興南新聞》「興南詩苑」（1942.08.22）。
贈共榮會主事井上正男先生	86	1940	贈答	《臺灣新民報》「心聲」（1940.01.26），又載《興南新聞》「興南詩苑」（1942.08.22）。
冒雨赴治安維持委員會樓上觀古物展覽會獲一新硯喜而有作（十月二十八日冒雨赴治安維持委員會樓上觀古物展覽會獲一新硯喜而有作）	86	1940	詠物	《臺灣新民報》「心聲」（1940.01.26），又載《興南新聞》「興南詩苑」（1942.08.23）、《自立晚報》「自立詩壇」（1966.09.01、1986.12.09）。
席上贈南園女招待阿卿	88	1940	綺豔	《臺灣新民報》「心聲」（1940.01.26）。
南園席上呈赤崁諸鄉友（南園席上呈諸鄉友）	88	1940	贈答	《臺灣新民報》「心聲」（1940.01.26），又載《興南新聞》「興南詩苑」（1942.08.25）。
庚辰元旦（庚辰元旦於路竹晤栢園君）	78	1940	感懷	《臺灣新民報》「心聲」（1940.01.28），又載《臺灣新民報》「心聲」（1940.04.26）、黃洪炎《瀛海詩集》。

題名	頁次	繫年	類型	備註【考訂根據】
詠西京丸煙筒	81	1940	詠物	《臺灣新民報》「心聲」（1940.01.28），又載《興南新聞》「興南詩苑」（1942.08.19）。
夜登甲板	81	1940	感懷	《臺灣新民報》「心聲」（1940.01.28），又載《興南新聞》「興南詩苑」（1942.08.19）。
舟次汕頭二首（舟次汕頭）	82	1940	記遊	《臺灣新民報》「心聲」（1940.01.28），又載《興南新聞》「興南詩苑」（1942.08.19）。
船抵廣城（船抵廣東有作）	82	1940	記遊	《臺灣新民報》「心聲」（1940.01.28），又載《興南新聞》「興南詩苑」（1942.08.20）、黃洪炎《瀛海詩集》。
舟下江門	82	1940	記遊	《臺灣新民報》「心聲」（1940.01.28），又載《興南新聞》「興南詩苑」（1942.08.20）。
席上呈古賀大佐	83	1940	贈答	《臺灣新民報》「心聲」（1940.01.28），又載《興南新聞》「興南詩苑」（1942.08.20）；「席上贈某君」為〈席上呈古賀大佐〉第二首。
席上贈某君	154		贈答	
拱五舅父舉一長孫感賦一律謹次其瑤韻並藉以賀之	96	1940	贈答	《臺灣新民報》「心聲」（1940.02.23）；唱詩為黃拱五〈庚辰元旦後一日舉長孫俊夫感賦〉（《拾零集》）。
讀崇聖道德報有感賦呈菽盧怡庭二先生	113	1940	贈答	《崇聖道德報》「詩壇」（1940.03.16）。
鵬程宗兄歸自神戶以書懷詩見示即次原韻卻寄	100	1940	贈答	《臺灣新民報》「心聲」（1940.08.13）；唱詩為王鵬程〈書懷〉（《詩報》，1940.06.27）
將遊東北朝鮮留別樂天會諸君子即用劍泉瑤韻（將遊滿鮮留別樂天會諸君子即用劍泉瑤韻）	89	1940	贈答	《臺灣新民報》「心聲」（1940.11.12）。
中秋日西安丸船中作	91	1940	感懷	《臺灣新民報》「心聲」（1940.11.13）。
船中贈某小差（船中贈某給仕）	91	1940	贈答	《臺灣新民報》「心聲」（1940.11.13）。

題名	頁次	繫年	類型	備註【考訂根據】
次南都即事韻（次韻）	97	1940	贈答	《臺灣新民報》「心聲」（1940.11.13）；唱詩爲陳逢源〈即事〉，刊於同報同日。
登牡丹臺	89	1940	記遊	《臺灣新民報》「心聲」（1940.11.15）。
大連所見	90	1940	記遊	《臺灣新民報》「心聲」（1940.11.15）。
吳君邀飲大連祇園女招待曉鈴知燕索詩戲成一絕（祇園女招待曉鈴、知燕索詩戲成一絕）	90	1940	綺豔	《臺灣新民報》「心聲」（1940.11.15）。
登爾靈山	90	1940	記遊	《臺灣新民報》「心聲」（1940.11.15）。
遊覽露人墓地	90	1940	記遊	《臺灣新民報》「心聲」（1940.11.15）。
謁瀋陽北陵（謁奉天北陵）	91	1940	記遊	《臺灣新民報》「心聲」（1940.11.15）。
詠鴉	97	1940	詠物	《臺灣新民報》「心聲」（1940.11.15）。
周君炳銘邀飲京食道園席上有花蘭月仙二妓生勸飲醉餘口占四絕紀之	88	1940	贈答	《臺灣新民報》「心聲」（1940.11.16）。
小酌哈市松江春有春梅香賓鮮花三妓侑酒戲成一絕	90	1940	綺豔	《臺灣新民報》「心聲」（1940.11.16）。
秋日重渡扶桑有感	94	1940	感懷	《臺灣新民報》「心聲」（1940.11.16）。
九月十一日京阪道中值予生辰有作	98	1940	感懷	《臺灣新民報》「心聲」（1940.11.20）；和詩有黃拱五〈杏庵歸自大陸出其途次生日感作四絕因次其韻〉，刊於同報同日。
瀨戶內海舟中曉望	94	1940	感懷	《臺灣新民報》「心聲」（1940.11.20）。
味仙訪蔡君培火	95	1940	贈答	《臺灣新民報》「心聲」（1940.11.20）。
題車氏墨蘭畫扇	96	1940	贈答	《臺灣新民報》「心聲」（1940.11.20）。
遣懷疊用芳園即事瑤韻（次逢源君即事韻）	97	1940	贈答	《臺灣新民報》「心聲」（1940.12.21）；唱詩爲陳逢源〈即事〉（同報同欄，1940.11.13）。
贈某女史	12	1940以前	綺豔	此組詩部份又載《瀛海詩集》，-而該詩集完成於日治時期，且書中序文成於1940年，則王氏詩作必不晚於此年。

題名	頁次	繫年	類型	備註【考訂根據】
春日遊開元寺作	14	1940 以前	記遊	對照王開運自編之「雜詠錄」，兩首詩實乃同一組詩；又〈春日遊開元寺〉曾載《瀛海詩集》，寫作時間必不晚於 1940 年。
春日遊開元寺	75		記遊	
春雪	95	1940 以前	寫景	《瀛海詩集》，寫作時間必不晚於 1940 年。
辛巳元旦書懷	78	1941	感懷	《臺灣新民報》「心聲」（1941.01.08）；和詩有楓湜居士〈次杏菴辛巳元日書懷韻〉（同報同欄，1941.01.31）。
和南都聽寶蓮唱回想韻	105	1941	贈答	《臺灣新民報》「心聲」（1941.01.27）；唱詩為陳逢源〈聽寶蓮唱回想〉，刊於同報同日。
和南都寒曉枕上口占韻	105	1941	贈答	《臺灣新民報》「心聲」（1941.01.27）；唱詩為陳逢源〈曉寒枕上作〉（同報同欄，1941.01.22）。
過濁水戲和景南韻	135	1941	贈答	唱詩為黃景南〈過濁水〉，《興南新報》「心聲」（1941.03.13）。後王氏和詩又刊於《臺灣詩壇》9：2（1955.08）
讀南都言懷詩用其原韻率成四絕卻寄	109	1941	贈答	《興南新聞》「心聲」（1941.03.14）；唱詩為陳逢源〈即事〉（七絕四首）（《溪山煙雨樓詩存》）。
壬寅春節錄舊作	159	1941	贈答	即重錄〈讀南都言懷詩用其原韻率成四絕卻寄〉其四。
春日遣懷寄呈南都	105	1941	贈答	《興南新聞》「心聲」（1941.04.10）。
次晴園主人韻卻寄（有誤，應為〈王鵬程盛岡客次遙寄開運韻〉）	101	1941	贈答	《興南新聞》「心聲」（1941.05.05）；唱詩為王鵬程〈盛岡客次遙寄開運〉，刊於同報同日。
拱五舅父遷家來舍次韻喜詠	102	1941	贈答	唱詩為黃拱五〈移居感作〉（《拾零集》），而黃氏 1941 年遷居。
暴雨（次神戶王鵬程暴雨韻）	105	1941	贈答	《興南新聞》「心聲」（1941.07.02）；唱詩為王鵬程〈暴雨〉，刊於同報同日。
崧兒完婚有作	104	1941	感懷	《興南新聞》「心聲」（1941.09.16）。
承怡庭芸兄賜和崧兒完婚有作韻並責不報因再疊韻卻寄誌謝	104	1941	贈答	本詩所述與〈崧兒完婚有作〉指同一件婚事，故完成於同時期。

題名	頁次	繫年	類型	備註【考訂根據】
陰曆九月十一誕辰旅中感賦	99	1941	感懷	《興南新聞》「心聲」（1941.11.06）。
代友人贈秋玉女士	109	1941	綺豔	《興南新聞》「心聲」（1941.11.06）。
病齒	103	1941	感懷	〈病齒〉和〈病齒無聊再成五絕〉二詩並存，且〈病齒〉爲先，判斷應是作於同時期。
病濁無聊再成五絕（病齒無聊再成五絕）	103	1941	感懷	《興南新聞》「心聲」（1941.11.29）；和詩有黃拱五〈次杏庵病齒韻〉（同報同欄，1941.11.31）。
次南都見寄瑤韻	107	1941	贈答	《興南新聞》「心聲」（1941.11.29）；唱詩爲陳逢源〈寄懷王杏庵〉（同報同欄，1941.11.21）。
中秋觀月	108	1941	感懷	《興南新聞》「心聲」（1941.11.29）。
南都邀飲曲樓席上率成一律呈夢周暨在座諸君子郢政（南都邀飲江山樓席上率成一律呈夢周暨在座諸君子郢政）	111	1941	贈答	《興南新聞》「心聲」（1941.12.14）。
次南都贈秋霞韻	106	1942	贈答	《興南新聞》「興南詩苑」（1942.03.08）；唱詩爲陳逢源〈贈秋霞兼示杏庵〉，刊於同報同日。
次鵬程留別二首原玉	110	1942	贈答	《興南新聞》「興南詩苑」（1942.06.21）；唱詩爲王鵬程〈留別諸親友〉（《詩報》，1942.05.20）。
夏日遣懷寄南都詞兄二首	109	1942	贈答	《興南新聞》「興南詩苑」（1942.07.17）。
夏日雨後感賦三首	80	1942	感懷	
車中贈別一番ケ瀨前太守二首	81	1942	贈答	
華中經濟代表陳紹嫣先生歡迎席上賦呈二首	87	1942	贈答	
讀南都佳作次韻奉酬	92	1942	贈答	

題名	頁次	繫年	類型	備註【考訂根據】
贈陳君逸松	93	1942	贈答	
贈南都	93	1942	贈答	
贈陳君金萬	93	1942	贈答	
贈黃君可軒	94	1942	贈答	
再疊前韻奉酬可軒君	94	1942	贈答	
偶感二首	79	1942	感懷	《興南新聞》「興南詩苑」（1942.10.08）。
舊九月十一日誕辰自嘲	98	1942	感懷	和詩有瘦菊〈重陽節後二日杏菴初度宴客賦詩即席次韻〉（《興南新聞》「興南詩苑」，1942.10.31）、鵬程〈敬次開運宗兄五十有四壽辰述懷韻〉（同報同欄，1942.10.31）。
再疊舊九月十一日誕辰自嘲韻	98		感懷	與〈舊九月十一日誕辰自嘲〉詩題類同、押同韻，且王紹齋指出此為初稿，故作於同一時期。
梅樵翁以秋日書懷詩索和即次瑤韻四首	99	1942	贈答	
失題〈愛花每乞護花陰〉	171	1942	贈答	唱詩為國江南鳴（黃欣）之作，有吳萱草〈即事次南鳴兄瑤韻〉（《詩報》，1942.08.05）和之，詩題作者自註「並柬杏菴兄」，王氏再和之。
晴園觀梅次晴園主人原玉	101	1943	贈答	
遣懷五古一首	108	1943	感懷	《興南新聞》「興南詩苑」（1943.07.02）。
鵬程賜昭和詩文集卻寄道謝	102	1943	贈答	和詩有陳永和〈敬次杏庵〉、〈呈溪秋、鵬程即次杏庵原玉〉、鵬程〈答永和再用杏庵韻〉，皆刊於《詩報》（1943.09.24）。
贈清風莊院長岡村先生大國手	111	1943	贈答	《興南新聞》「興南詩苑」（1943.08.31）。
喜臺銀日高友衛君榮任臺南支店長	10	1943	贈答	據《興南新聞》〈臺銀人事大異動〉（1943.10.10），提及日高氏調職一事。
癸未五五生日有作	107	1943	感懷	《興南新聞》「興南詩苑」（1943.10.15）。
甲申元旦	110	1944	感懷	《興南新聞》「興南詩苑」（1944.01.11）。

題名	頁次	繫年	類型	備註【考訂根據】
不日將乘飛機詣海南島別在南諸友	112	1944	贈答	據詩句「五六年華遠去家」推測。又，王則修有和詩〈杏菴宗先生將之海南任瓊崖銀行頭取於送別席上作出留別三首謹次原玉以壯行色〉、〈疊韻奉和杏菴宗先生〉（《則修先生詩文集續編》），皆爲一組 3 首，本失題詩之韻腳正與王則修兩組詩的第二首都相同，故應爲錯編，即王開運詩作原貌亦一組 3 首。
失題〈范子扁舟迴不同〉	172	1944	贈答	
跨海	113	1944	贈答	
次子敏詞兄瑤韻	114	1944	贈答	唱詩爲陳子敏〈杏菴詞兄將赴海南島瓊銀頭取賦此壯行〉（獻，頁 80）。
卻寄芹香君即用原韻	13	日治	贈答	
呈清陰先生	15	日治	贈答	
贈富田義範	16	日治	贈答	
船入黃海	91	日治	感懷	
別滬江寄懷諸友	92	日治	贈答	
山城丸中感作	92	日治	感懷	
遣懷	102	日治	感懷	二詩同韻，並據語意判斷，應作於同時期。
失題〈誰云天欲曙〉	171		感懷	
洗塵席上兆平以詩見贈即次瑤韻	111	日治	贈答	據詩句「局面翻新同體制」判斷，應作於日治時期。
遣懷	113	日治	感懷	語意表達戰火下的生活困苦，且二詩韻腳相同，應作於日治同時期。
失題〈是非莫究付雲煙〉	169		感懷	
次兆平送行原韻	144	日治	贈答	詩句有「非去中原爲逐鹿」、「湖山意氣出南溟」，據筆者所知，王氏戰後未再到中國，且「南溟」指南方大海，故應是王氏前往海南島一事而作。
蔡公勁軍邀飲席上賦呈粲政並致謝悃	114	1945	贈答	蔡勁軍於 1945 年任瓊崖辦公室主任。
失題〈相爭蠻觸可憐蟲〉	170	1945	贈答	唱詩爲施梅樵〈感賦〉（《梅樵詩集》）。
失題〈銷除壯志樂天年〉	170		贈答	

題名	頁次	繫年	類型	備註【考訂根據】
和子敏陳君韻	115	1945～49	贈答	另有施梅樵和詩〈子敏以感懷詩索和次韻慰之〉(《梅樵詩集》)，且施氏於 1949 年逝世。
丙戌元旦口占	117	1946	感懷	
將別海口賦呈蔡公勁軍	114	1946	贈答	查《政府接收臺灣史料彙編》頁 1242，相關電報載王開運於 1946 年赴香港僱船，協助留滯海南島的臺灣人回鄉；而詩句亦有「暫辭南海快登程」。
贈周鈞亭	167	1946～68	贈答	王開運於 1946 年返臺，周鈞亭則逝於 1968 年。
星期日遊北投有作	123	1947～49	記遊	據王家提供《杏庵詩集》底稿，此詩寫於印有「臺灣商工銀行總行」字樣的紙上，而該銀行名稱存續於 1947 年至 1949 年間，後改稱「臺灣第一商業銀行」。
二十四夜偕周總經理冒雨赴臺銀曹大之邀宴口占	125	1947～49	贈答	據王家提供《杏庵詩集》底稿，此詩寫於印有「臺灣商工銀行總行」字樣的紙上，而該銀行名稱存續於 1947 年至 1949 年間。
詩贈帥雲風兄燦政	118	1947～57	贈答	王開運於 1946 年返臺，時帥雲風任臺灣省鹽務局運輸處處長。1947 年王氏受二二八事件牽連，帥氏援之；且帥氏於 1957 年逝世。
戊子元旦試筆二首	118	1948	感懷	
己丑九月十一日爲予六一誕辰回思往事無任感慨因成紀事詩一首錄呈諸親友郢政並啓賜和	120	1949	感懷	
己丑誕辰偶韻	120	1949	感懷	
聞柏壽先生不久又反棹香港因率成數絕誌感並呈	125	1949～54	贈答	據王家提供《杏庵詩集》底稿，此詩寫於印有「台灣第一商業銀行」字樣的紙上，該銀行名稱存續於 1949 年至 1975 年間，後改稱「第一商業銀行」。再者，戰後林柏壽往返臺、港，1954 年返臺擔任臺泥公司董事長等職。

題名	頁次	繫年	類型	備註【考訂根據】
臺北銀行公會諸同仁星期日相率赴龍潭視察製茶廠並到茶圍參觀摘茶狀況歸途有作即呈陳公會長粲政	162	1949~69	贈答	據王家提供《杏庵詩集》底稿，此詩寫於印有「台灣第一商業銀行」字樣的紙上，該銀行名稱存續於 1949 年至 1975 年間。再者，「陳公」即陳勉修，戰後長年任銀行公會理事長。
失題〈喚水春歌報曉鶯〉	172	1949~69	綺豔	據王家提供《杏庵詩集》底稿，二詩寫於印有「台灣第一商業銀行」字樣的紙上，該銀行名稱存續於 1949 年至 1975 年間。
失題（嬌音嚦嚦嗽新鶯）	172		綺豔	
大社國校五十週年紀念會詠	121	1950	贈答	查該校創於 1900 年。
六二誕辰感賦	122	1950	感懷	
世其兄燕居落成招飲席上林光灝先生以其佳作見示即次瑤韻並乞粲政	123	1950	贈答	據王家提供《杏庵詩集》底稿，此詩為剪報，手寫日期「39.1.24」，可知是 1950 年；惟不明何種報章。
蒙朝琴兄顧念誼容納銀行喜賦誌感	124	1950	贈答	1950 年，受黃朝琴延攬，王開運任第一銀行協理（獻，頁 262）。
再賦呈黃董事長一絕	124	1950	贈答	
庚寅夏五苦雨戲作	124	1950	感懷	
陳處長清文榮任駐日軍事代表團顧問首途有日因成五古一首奉呈粲政並誌別忱	153	1950	贈答	陳清文於 1947-1950 年間為東南長官公署交通處處長，詩題稱「陳處長清文榮任」表示其尚在處長職中，且詩句有「輝煌獨交通」，故據以推測。
重陽後二日六三誕辰偶詠	125	1951	感懷	
題第一銀行四十週年誌	151	1951	贈答	第一銀行於 1951 年出版《第一銀行四十年誌》，故此詩應亦作於同年。
日前第一銀行詣中壢開會醉中偶成數絕酒後杜撰自知難免班斧之誚乃蒙溫校長賜和佳章遠貽雀躍奚似因強索枯腸再疊前韻卻呈郢政	155	1951~55	贈答	「溫校長」即溫子瑞（溫麟），1951-1955 年任省立中壢中學校長。

題名	頁次	繫年	類型	備註【考訂根據】
張群前院長枉駕敝寓賦呈（壬辰冬日張群先生枉駕杏庵賦呈）	121	1953	贈答	《臺灣詩壇》4：2（1953.02）。
黃議長歡宴河田全權及各代表一行席上口占	123	1952	贈答	1952 年，日本政府代表團以河田烈為首，來臺簽訂臺、日和平條約。
敬和品聰兄五十自頌原玉	126	1953	贈答	
集飲蓬萊酒家	127	1953	贈答	
偶成四絕	127	1953	感懷	
陽明山訪溪山煙雨樓贈南都主人	128	1953	贈答	又載《自立晚報》「自立詩壇」（1967.05.02）。
春日宿溪山煙雨樓再贈主人	128	1953	贈答	
祝臺灣詩壇創立兩週年紀念	128	1953	贈答	
癸巳上巳新蘭亭修禊	129	1953	贈答	
有贈	129	1953	綺豔	
中秋前偶患盲腸病後感賦	130	1953	感懷	
癸巳秋節夜宴六龍居	130	1953	贈答	
癸巳中秋無月偶詠	130	1953	感懷	
奉和臥蕉兄中秋日見寄瑤韻	131	1953	贈答	兩詩詩題類同，韻腳相同，為同一時期之作。
再疊鵬兄中秋日佳作瑤韻寄呈	131	1953	贈答	
靜莊觀菊口占	132	1954	贈答	此組詩後兩首另有詩題〈靜莊觀菊戲似主人〉，《臺灣詩壇》16：6（1960.01）。
重陽後二日生辰感賦	132	1954	感懷	
甲午除夕	133	1955	感懷	
乙未元旦	133	1955	感懷	

題名	頁次	繫年	類型	備註【考訂根據】
四十年前同學數人稻江邂逅歡飲留影即詠	133	1955	感懷	
祝臺灣詩壇創立四周年	134	1955	贈答	
和景南春興瑤韻	134	1955	贈答	
悼義士健秋	134	1955	贈答	
乙未詩人節賦呈于賈二老郢政	135	1955	贈答	
吟贈白雪即用芳園韻	135	1955	贈答	唱詩為陳逢源〈端節後聽白雪女史清唱〉（《溪山煙雨樓詩存》）。
聞白雪從良	136	1955	綺豔	
乙未生日前二日適值重陽臺南諸親友假礪園為開歡讌	136	1955	贈答	
乙未生日	136	1955	感懷	又載《自立晚報》「自立詩壇」（1984.07.17），編輯改題為王杏臾〈浪跡〉。
丙申元旦試筆	137	1956	感懷	
臺灣詩壇同人邀與共事文訪有詩見寄因成一律奉酬並呈諸老	138	1956	贈答	
丙申上巳植物園文物歷史館修禊	138	1956	贈答	
和韻有寄	138	1956	綺豔	
杏庵春夜小集賦呈于右老賈煜老張魯老梁默老並似文訪南都夢周鈞亭今可景南同社	139	1956	贈答	
丙申六八生日	139	1956	感懷	《臺灣詩壇》11：5（1956.11）。
丙申冬日雅集	139	1956	感懷	
祝文訪社兄花甲榮壽（文訪副社長花甲榮壽」）	150	1956	贈答	《臺灣詩壇》11：4（1956.10）。

題名	頁次	繫年	類型	備註【考訂根據】
讀萬居兄佳作率和二首錄呈粲政	155	1956	贈答	第一首原唱爲李萬居〈臺中道上口占〉（《鯤南詩苑》創刊號，1956.06）；第二首原唱爲李萬居〈南行車中即景〉（楊瑞先《珠沉滄海：李萬居先生傳》，臺北：文海出版社，1968），創作日期不詳，但王開運將此二首同時錄呈，或許日期接近。
失題（巍巍武嶺蔣山青）（原題「總統蔣公七十大慶」）	168	1956	贈答	《臺灣詩壇》11：4（1956.10）。
夏日杏庵小集呈詩壇同人	140	1957	贈答	
賀陳皆興副社長膺選高雄縣縣長	140	1957	贈答	
丁酉生日	140	1957	感懷	
丁酉中秋	141	1957	感懷	王氏後將此詩改題爲〈白髮〉，刊於《自立晚報》「自立詩壇」（1967.01.22）。
丁酉立秋後十日壽煜老	141	1957	贈答	《臺灣詩壇》13：2（1957.08）。
小眠齋裡苦吟身	168	1957	感懷	此組詩王開運將之表框，詩末署「丁酉初夏書於瀛北」，推爲1957年。
失題〈能忘世事名心淡〉	173	1957	贈答	據詩句「浪跡人間近古稀」推測，且內容與〈丁酉生日〉類同。
龍光由臺中寄示大作即次無題卻寄	150	1957～65	贈答	俞龍光於1957年任臺中縣財政科長，1965年任臺南縣財政科長。
榮鐘以歲暮書感詩見示即次原韻	119	1958	贈答	唱詩爲葉榮鐘〈歲暮書感〉（《少奇吟草》）。
戊戌生日感詠	149	1958	感懷	
失題〈酒邊吟緒共追歡〉	173	1958	感懷	此詩王開運將之表框，詩末署「戊戌春月」，推爲1958年。
晚春杏庵小集（杏庵暮春小集）	96	1959	感懷	《臺灣詩壇》15：6（1959.06）。
和兆平遣懷二首	145	1959	贈答	據詩句「七十年來幾折磨」推測。
戲成	151	1959	綺豔	

題名	頁次	繫年	類型	備註【考訂根據】
和兆平己亥生日原韻	152	1959	贈答	
岐阜觀鵜飼口占	152	1959	記遊	
日本千代菊校書索句歸後戲贈	152	1959	綺豔	
次韻似兆平	165	1959	贈答	《臺灣詩壇》16：1（1959.07），又載《自立晚報》「自立詩壇」（1967.02.20）。
和兆平壽杏庵古稀晉三原韻	148	1961	贈答	
五日登五鳳山	158	1961	記遊	
感懷五首	158	1961	感懷	
樂昌張魯恂先生八十晉八榮壽兼逢重宴鹿鳴盛禮詩以詠之	159	1961	贈答	
七十五歲生日偶成二首	159	1963	感懷	
甲辰元旦口占	160	1964	感懷	
和兆平七十六歲生日感作韻	145	1966	贈答	據「樂天會會員芳名簿」，推算蔡朝聘生年（1890）而得。
丙午除夕南歸口占	163	1966	感懷	
丙午除夕南歸又戲一律	164	1966	感懷	
陰曆除夕回南渡歲口占	164	1966	感懷	
朝聘兄見示夜宿陽明山之作次韻	165	1966	贈答	《自立晚報》「自立詩壇」（1966.09.17）。原詩爲蔡朝聘〈偕金湖兄夜宿陽明山〉，刊於同報同日。
和兆平暮秋感作原韻	157	1966	贈答	唱詩爲蔡朝聘〈暮秋感作〉，《自立晚報》「自立詩壇」（1966.12.13）。
白髮	163	1967	感懷	《自立晚報》「自立詩壇」（1967.01.22）。
歸鄉偶詠	165	1967	感懷	《自立晚報》「自立詩壇」（1967.02.25）。
偶感二首	163	1967	感懷	《自立晚報》「自立詩壇」（1967.03.27），後者與前者的韻腳、詩意類同，應作於同一時期。
偶感二首	166	1967	感懷	

題名	頁次	繫年	類型	備註【考訂根據】
詠飼犬普里	165	1967	詠物	《自立晚報》「自立詩壇」（1967.03.27）。
次韻和兆平杏庵小集卻寄	146	1967	贈答	唱詩為蔡朝聘〈丁未春夜杏庵小集呈主人兼似景南〉，《自立晚報》「自立詩壇」（1967.04.09）。
反共越劇名伶高謹索詩賦贈	164	1967	贈答	《自立晚報》「自立詩壇」（1967.05.21）。
口占贈香港歌后甄秀儀	164	1967	贈答	《自立晚報》「自立詩壇」（1967.05.21）。
戊申詩人節書懷	167	1968	感懷	因應《臺灣詩壇》徵詩而作，以響應中華文化復興運動暨紀念戊申詩人節。徵詩消息見《自立晚報》「自立詩壇」（1968.05.11）。
中華文化復興運動	167	1968	感懷	
賀兆平八十攬揆	162	1969	贈答	蔡朝聘生於 1890 年，故此詩作於 1969 年。
臺灣新竹枝詞（日據時代）	115	戰後	敘事	
星期日偕清印梓勝二兄遊中壢席上口占	119	戰後	贈答	
口占祝兆平壽誕	142	戰後	贈答	既云「壽誕」，當為高齡，應為戰後作品。
和兆平打油詩二首	142	戰後	贈答	詩句有「紅包回扣鬧難休」，日治時期雖有賄賂情事，但不用「紅包」一詞，故應作於戰後。
和兆平贈文玲原韻	144	戰後	贈答	蔡朝聘有〈丁未春夜杏庵小集呈主人兼似景南〉（見附錄四），自註「文玲善唱青衣」，此詩亦提及文玲，故應為戰後。
和兆平病中苦吟韻	146	戰後	贈答	詩句有「兩鬢蕭蕭白髮侵」，應為戰後。
夏日杏庵小集	149	戰後	贈答	林熊祥〈喜杏菴出共主詩壇卻寄並示南都〉（見附錄四），自註「詩壇在于賈二老卵翼之下」，此詩則有「裁詩二老詩情逸」之句，應同指于、賈；又王開運與于、賈二氏相識於戰後。
次兆平臺南竹枝詞韻	161	戰後	贈答	
竹枝詞	161	戰後	敘事	

題名	頁次	繫年	類型	備註【考訂根據】
車禍次韻	166	戰後	敘事	二詩韻腳相同，惟後者韻腳倒疊，乃作於同一時期。而王氏任臨時省議會議員期間，曾提案改善行車安全以防車禍，故推測二詩作於戰後。
倒疊車禍韻	166		敘事	
失題〈旗鼓更張異昔時〉	174	戰後	感懷	
失題〈入門總覺團圓好〉	175	戰後	感懷	

【以下為年代暫難判定者】

題名	頁次	類型	備註【考訂根據】
楝花	2	詠物	
春雨	2	寫景	
上巳日遊翠屏岩	5	記遊	
寺中口占	6	記遊	
歸途訪蘇君文治	6	贈答	
項羽	9	詠史	
星期日同諸友遊舊港口作	10	記遊	
友人蕭天旺君納寵喜詠	10	贈答	
迎神竹枝詞	11	記遊	
消夏雜詠	12	感懷	
別某女史作	13	綺豔	
春宵微雨即詠	15	綺豔	
爲某女史代詠	16	綺豔	
聽鶯	16	詠物	
遊臺南公園作五言一首	17	記遊	
病職	95	感懷	
謹次高山君瑤韻	111	贈答	
元旦即事	112	感懷	
贈黃啓瑞先生	115	贈答	
春日崁南雅集予因事未赴補作一首並以解嘲	118	贈答	
霜菊	121	詠物	

題名	頁次	類型	備註【考訂根據】
聞鳳英爲強豪娶去有感	122	綺豔	二詩韻腳相同，應作於同時期
鳳英從良慕公出眎有感佳作即次瑤韻戲成二絕	122	贈答	
七夕	129	感懷	
翌日攜秋香雲裳同遊日月潭	130	記遊	
張媽抱君邀飲蓬萊閣	131	贈答	
遊關子嶺即詠	141	記遊	
詠牆花	141	詠物	
和兆平時事偶感韻	142	贈答	
和兆平秋日感作韻	143	贈答	
和兆平秋夜回憶一首	143	贈答	二詩韻腳相同，應作於同時期
集句和兆平秋夜回憶一首	143	贈答	
贈歌女明霞	143	贈答	
打油詩二首	144	感懷	
和兆平可嘆原韻	145	贈答	
和兆平下高雄有感韻	145	贈答	
次韻和兆平戲詠白髮	146	贈答	
次韻和兆平秋閨一首	146	贈答	二詩韻腳相同，應作於同時期
秋閨次韻	147	贈答	
和兆平無題韻	147	贈答	二詩韻腳相同，應作於同時期
再次兆平無題韻	147	贈答	
和兆平秋宵有感韻	147	贈答	三詩韻腳相同，應作於同時期
次秋宵有感韻	147	贈答	
次秋宵遣懷	148	贈答	
次有感瑤韻一首	148	贈答	
對鏡	151	感懷	
夏日遊開元寺即詠	156	記遊	二詩韻腳相同，應作於同時期
再疊夏日遊開元寺即詠韻	157	記遊	
書悔爲兆平摯友作並自解嘲一首	160	贈答	
和兆平春夜書懷原韻	160	贈答	
董仲舒	167	詠史	
失題〈得君教益未爲遲〉	169	贈答	

題名	頁次	類型	備註【考訂根據】
失題〈視既無形曷有聲〉	169	感懷	
失題〈凌雲樓閣聳南臺〉	169	感懷	
失題〈爆竹聲中歲又更〉	171	感懷	
失題〈逃名偶爾學偷閒〉	173	感懷	
失題〈纔過聖誕又新年〉	173	感懷	
失題〈昨來有約赴華洋〉	174	感懷	
失題〈婚事多由戀愛來〉	174	敘事	
失題〈大屯一夕小勾留〉	174	記遊	

【暫置不論】

題名	頁次	備註【考訂根據】
腹稿	44	《詩報》上署名「王棄人」，後兩度刊於《臺南新報》（1932.01.10、1932.05.20）署名「王席珍」、「王棄人」，故非王開運
落花	28	署名「棄人」，惟王開運甚少參與詩會活動，王席珍筆名亦為「棄人」，為免二人詩作相混淆，故暫置不論；以下相同署名者，其理由亦同
蛛網	32	署名「棄人」
採薪女	35	署名「棄人」
驪姬	36	署名「棄人」
秋海棠	36	署名「棄人」
海水浴場	37	署名「棄人」
採菱	38	署名「棄人」
安平泛月	39	署名「棄人」
觀奕	39	署名「棄人」
落帽風	41	署名「棄人」
倦鶴	43	署名「棄人」
門神	46	署名「棄人」
詠猿	47	署名「棄人」
春娃	49	署名「棄人」
寄情	56	署名「棄人」
荷蓋	57	署名「棄人」

題名	頁次	備註【考訂根據】
問柳	58	署名「棄人」
採蓮艇	58	署名「棄人」
雙星會	60	署名「棄人」
江上月	61	署名「棄人」
臘鼓	61	署名「棄人」
凍筆	62	署名「棄人」
落下傘	63	署名「棄人」
野草花	63	署名「棄人」
筆山	68	署名「棄人」
硯田	69	署名「棄人」
介子推	72	署名「棄人」
菊夢	73	署名「棄人」
秋扇	73	署名「王棄人」
愛慾海	76	署名「棄人」
南州覽勝	76	署名「棄人」
仲春遊竹塹	76	署名「棄人」
金美人菊名	77	署名「棄人」
文輝閣周年雅集	77	署名「棄人」
墨痕	77	署名「棄人」
線蘭	78	署名「棄人」
美人圖	80	署名「王棄人」
月圓花好	137	署名「花道人」，為芸香吟社詩題，但此詩社位於臺中，王開運本身也甚少參與詩會活動，故此詩是否為王氏作品？暫置不論
刀圭術	149	署名「花道人」，為富春吟社詩題，但此詩社位於臺中，王開運本身也甚少參與詩會活動，故此詩是否為王氏作品？暫置不論
福星	151	
鄭王三百年祭紀盛	157	署名「王棄人」
辛巳春初生日述懷	79	此詩實為黃拱五之作（見氏著《拾零集》），誤收
失題〈裘馬清狂錦水濱〉	175	乃陸游之詩〈醉題〉，誤收